『語用論研究』第 19 号（2017 年）pp. 1-21
© 2017 年　日本語用論学会

〈特集投稿論文〉レトリックの語用論［研究論文］

佐藤信夫の「逆隠喩」をめぐって：
関連性理論の語彙語用論の観点から*

山　泉　　実

大阪大学

Although para-metaphor was proposed by SATO Nobuo in 1982 as a new type of trope, it has not since been investigated except by MORI Yuichi and MOMIYAMA Yosuke. For example, if Taro, an Olympic medalist turned politician, has been drawn into a scandal, we can express skepticism of the charges by saying, "He is a sportsman, no way!", implying sportsmen are fair. This paper examines para-metaphor from the viewpoint of relevance-theoretic lexical pragmatics. After critically reviewing the analyses of previous studies based on the notion of stereotypes, I analyze this phenomenon as a case of lexical narrowing, a major lexical pragmatic process, via the construction of ad hoc concepts.

キーワード：　逆隠喩、提喩、語彙語用論、関連性理論、語彙的縮小

1.　はじめに

　比喩は古代以来のレトリックから現代の言語研究にいたるまで重要な研究テーマであり続けている。両者を架橋した佐藤（[1982, 1983] 1987a, b）は、新たな比喩の類型として「逆隠喩」を提起した。しかし、逆隠喩は、認知言語学の文脈では多少顧みられているものの（森 2007; 籾山 2016）、語用論においては言及されることさえないようである。本研究では、近年盛んな関連性理論の語彙語用論（Wilson 2003, Wilson and Carston [2007] 2012, Wałaszewska 2015 等）の観点から逆隠喩を再考し、それに基づく分析がステレオタイプを説明概念とする先行研究の分析よりも優れていることを主張する。

---

　*　本稿の内容の大部分は、以下における筆者の発表に基づいている：日本語用論学会第 19 回年次大会、筆者担当の大阪大学外国語学部日本語専攻「対照言語学演習」、2016 年度「言語学シュンポシオン」。多くの有益なコメントを下さったこれらの参加者、本誌の査読者 2 名、本誌編集委員長、及び西山佑司先生に感謝を申し上げる。なお、本研究は JSPS 科学研究費（課題番号：17K17842）の助成を受けたものである。

2.　逆隠喩とは

　逆隠喩とはどのようなものか、佐藤（[1982, 1983] 1987a, b）の短い論考はそれを詳らかにしているとは言い難い。後述するように佐藤の定義は額面通りに受け取るには問題があるため、挙げられている例の検討から始めたい。しかし、佐藤の逆隠喩の例は少ない。ことばのあやを適切に特徴付けるにあたってあまり役に立たない語句だけの例を除くと、次の作例のペアと実例のペアが 1 つずつ挙げられているにすぎない。

> (1)　たとえば、村会か国会かは問わず現に政治にかかわっている人物について、いつも策略をもちいたがる油断のならぬ存在という趣意を込めて「なにしろあいつは《政治家》だから」と言うようなばあいがある。おなじように、まったく逆の趣意をふくめて、「あの人は《スポーツマン》だから、まさか」と言ってその人の卑劣さについての悪いうわさを打ち消すのもおおいにありうることばづかいであろう。 　　　　　　　　　　　　　　　　　　　　（佐藤 [1983] 1987b: 125）

> (2)　〔……〕是は僕の方ばかりではあるまい、千代子もおそらく同感だらうと思ふ。其證拠には長い交際の前後を通じて、僕は未だ曾て男として彼女から取り扱はれた経験を記憶する事が出来ない。彼女から見た僕は、怒らうが泣かうが、科をしやうが色眼を使はうが、常に変らない従兄に過ぎないのである。 　　　　　　　　　　　　　　　　　（p. 138、夏目漱石『彼岸過迄』から）

(2) では「男」と「従兄」が逆隠喩の例とされている。これらの例は逆隠喩の確例と考えられる。他に「節制は恐れである」（佐藤 [1983] 1987b: 132）というラ・ロシュフコーによる例も挙げられているものの、これは顕在的逆隠喩とされるもので、上のもの（いわば潜在的逆隠喩）とは別のタイプに属する。本稿では顕在的逆隠喩は扱わないことにする。

　次に、佐藤の逆隠喩の定義を紹介する。佐藤（[1982] 1987a）は、各種比喩（提喩、隠喩、換喩、逆隠喩）における媒体（**Vehicle**、言表されている意味）と趣意（**Tenor**、言表されずに理解される意味）の外延と内包の関係を図示し、各種比喩を下のように整理している（換喩の図（佐藤 [1982] 1987a: 118）は省略）。

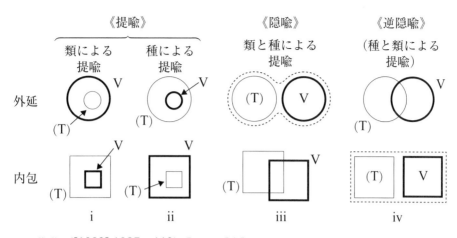

図 1　佐藤（[1982] 1987a: 112）「言語《内》の意味の関係にもとづく《転義》」より

　隠喩（iii）の外延と内包それぞれにおける趣意と媒体の関係を逆にすると、つまり外延の円を内包の正方形にして正方形を円にすると、逆隠喩の図になる。隠喩、たとえば「ハゲタカ・ファンド」では、ハゲタカとある種のファンドは、外延的に重なるところがないものの、"内包"の面では〈活動しなくなったもの（動物・企業）を獲得する〉というような点で重なる。[1] 逆隠喩は逆に、政治家と嘘つき、スポーツマンと率直な人のように外延的に重なりがあっても内包的に重なりがない場合に「あの人はスポーツマンだから、まさか」と言って、その人が率直であることをも伝えるような場合に成立する。「（率直な）スポーツマン」の内包は媒体《スポーツマン》と佐藤が趣意と考える《率直な男》[2] を合わせたものであり、両者を表した正方形を包み込む点線で表される。逆隠喩においては言及されている対象に媒体のカテゴリーが必ず当てはまることに注意されたい（詳しくは4.1）。たとえば（1）では「あの人」で指示されている者が率直であっても、スポーツマンでなければ逆隠喩にはならない。

　このような現象はレトリック理論において転義現象として指摘されていなかった（佐藤 [1983] 1987b: 124）ものの、「ことばづかいのなかに広く蔓延している重要な現象ではないか」（[1982] 1987a: 115）と佐藤は述べている。現象としての重要性については筆者も同意する。

---

[1] 佐藤（[1982, 1983] 1987a, b）の「内包」という用語は注意を要する。佐藤自身が隠喩の図式の説明に使っている例でさえ、媒体と趣意に厳密な意味で内包の重なりがあるとは言い難い。佐藤（[1983] 1987b）は「女」と「花」に「内包的にある共通性（たとえば、《美しさ》その他）が感じとられる」（p. 123）と述べているが、美しさは女であること・花であることの必要条件ではない。佐藤自身このことに無自覚だったわけではないようで、佐藤（[1982] 1987a: 114）では「両者の内包的な共通部分（美しさ？　など）」と「美しさ」の後に「？」を付けている。

[2] 逆隠喩の趣意が厳密には何であるかは 4.1 節で詳しく論じる。

3.　先行研究の批判的検討

　佐藤（[1982, 1983] 1987a, b）の後に逆隠喩を正面から論じた研究は森（2007）と籾山（2016）しか見当たらない。どちらも認知言語学の枠組みに依拠して、ステレオタイプの概念で逆隠喩の現象を説明しようとしている。ここでは逆隠喩に関してより多くの主張をしていると思われる前者の主張を 3 点取り上げる。

3.1.　森（2007）の主張 1：逆隠喩は種によって「代表させる提喩」の逆

　森（2007）は逆隠喩を検討するに先立って、類による提喩と種による提喩の非対称性を指摘している。図 1 を見ると、両者（i, ii）はまさに対称的という印象を与える。しかし、森によると実はそうではない。種による提喩は、種で類を「代表させる提喩」であり、たとえば次の例では「パン」に「食物」を代表させている。[3]

　　　　（3）　人はパンのみにて生きるにあらず。（『マタイによる福音書』4 章 4 節）

一方、従来研究されていた類による提喩は、森によれば、通常は基本レベルカテゴリー名で呼ぶものを上位レベルカテゴリー名で呼ぶこと、たとえば人を「生物」と呼ぶことで成立する。[4] そして重要なのは、この「呼び替える」ことは代表させる提喩の逆のプロセスではないということである。この非対称性を踏まえて、「代表させる提喩」の逆のプロセスは想定できるか、あるとしたらそれは提喩となるのかと森は問い、佐藤の逆隠喩こそがそれに他ならないと答える。従って、この説では逆隠喩は隠喩の逆ではなく、提喩の一環として捉え直されることになる。この主張に対して筆者は特に異論を持たない。

3.2.　森（2007）の主張 2：種の特性が類に拡大する

　件の逆のプロセスの例として、(1) の「スポーツマン」の例が森（2007）でも論じられている。本来スポーツマン全体の一部にすぎない率直なスポーツマン（図 2 のスポーツマン 2）がステレオタイプとなってスポーツマン全体へと拡大したプロセスが「逆隠喩」の正体だと主張されている（pp. 171-172）。しかし、種によって代表させる提喩では、たとえばパンから食物などへと外延が拡大しているのだから、逆隠喩がその逆ならば縮小であろう。逆隠喩の媒体とは表現の字義通りの意味であるから、(1) においては、図 2 のスポーツマン 1 （類・全体）のはずである。そして、趣意とは転義のプロセスの結果であるから、図 2 では「→」の辿り着く先になるはずである。しかし、図 2 ではこれもスポーツ

---

[3] この文の「パン」は他のものをも代表し得る。詳しくは山泉（2006）参照。
[4] このタイプの提喩について、詳しくは山泉（2005）参照。

マン 1 になっている。媒体も趣意もスポーツマン 1 では比喩にならないため、この主張はこのままでは維持できないことがわかる。[5]

3.3.　森（2007）の主張 2：ステレオタイプを形成する推論と同一の現象

森（2007）では、籾山（2016）と同様、ステレオタイプという概念が逆隠喩の説明の中心になっている。「ステレオタイプ的思考＝「逆隠喩」的思考」（森 2007: 170）という記述もある。上述の「逆隠喩」的拡大の根底には、ステレオタイプの形成があり、「「逆隠喩」と呼ばれる言語現象は […] ステレオタイプを形成する推論 […] とまさに同一の現象を扱っているのではないだろうか」(p.

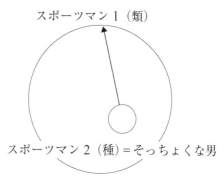

図 2　森（2007: 171）「逆隠喩のメカニズム」

171）とまで述べられている。このステレオタイプを形成する推論とはどのようなものだろうか。そこで引拠されている楠見（1990）は、提喩に依拠する推論を 2 種類挙げている（p. 202）。一つは、ステレオタイプの形成過程にあたる、成員からカテゴリーへの推論である。ある大学の学生一部の評価に基づいて、その大学の学生全体について判断をするのはその例である。

(4)　A 大生の太郎は優秀だ。／A 大生の花子も優秀だ。
　　　→ A 大生は優秀だ。（ステレオタイプ）

上に引用したように、森（2007）は「ステレオタイプを形成する推論」を逆隠喩と同一視している。もう一種の推論は、カテゴリーから成員への推論で、その代表例としてステレオタイプに基づく推論がある。あるカテゴリーに属する対象が、そのカテゴリーのステレオタイプの持っている属性を持っていると推論するものである。

(5)　スポーツマンは率直だ。（ステレオタイプ）／太郎はスポーツマンだ。
　　　→ 太郎は率直だ。

---

[5]　森雄一（私信）によると、森（2007）では明示されていないものの、「種にのみあてはまる現象だったのが類に拡大する」プロセス（これを図 2 は表しているとのこと）と、それと表裏一体となる「代表させる提喩」と方向性が逆になりかつ呼びかける提喩ではない「類による種の置き換えの提喩」の 2 つが逆隠喩について想定されていた。両者を区別するのであれば、（森氏は表裏一体としているものの）2 つは段階が異なり、本文に指摘した問題はない。

(1) の背後にある推論もその例と言える。この 2 種類の推論を比べてみると、聞き手が逆隠喩を解釈するために話し手が促しているのは、森（2007）の説明に反し、明らかに後者の推論である。なお、このように先行研究はステレオタイプの概念に訴えて逆隠喩を説明しようとしているのに対して、本稿の説においてはステレオタイプはあまり重要な役割を演じない。この点に関しては 4.3 で詳しく論じる。

4.　分析：語彙的縮小としての逆隠喩

　逆隠喩の先行研究の所論に問題があり、この主題についてさらに考察する余地があることが明らかになった。本稿の説を提示するにあたり、逆隠喩の規定から検討を始める。

4.1.　逆隠喩の趣意の外延：拡大したのか縮小したのか

　逆隠喩の規定において内包よりもさらに問題となるのは、図 1・iv で 2 つの円で示されている外延である。それによれば逆隠喩の趣意は左の円全体ということになる。たとえば、佐藤（[1982] 1987a: 115）の記述によると、(1) の「スポーツマン」の趣意は率直な男たちという、外延的にはスポーツマンたちと部分的に重なるもので、図 1・iv の左の円——スポーツマンであってもなくてもとにかく率直な人たち[6]——に対応するということになる。しかし、逆隠喩の趣意の外延を成すのは、媒体の元々の意味もあてはまるものでなければならず、率直であってもスポーツマンでない人は (1) の逆隠喩の趣意には入らないはずである。この点は、逆隠喩を規定するにあたって決定的に重要であり、以下で詳しく論じる（先行研究の見解については籾山 2016: 注 21 における森・籾山両氏のやり取りを特に参照）。

　(1) の趣意が率直なスポーツマンだけならば、それには逆隠喩の外延の図の 2 つの円の交差部分が対応し、佐藤の図は不正確ということになる。もし逆隠喩の趣意が佐藤の図の通りに左の円全体であったら、スポーツマンでない率直な者についても「あのひとはスポーツマンだ（から）」という逆隠喩が可能になってしまう。しかし、そのような例は佐藤（[1982, 1983] 1987a, b）の挙げた語単独ではない確例にはなく、籾山（2016: 95）が述べているように、むしろ隠喩とすべきである。佐藤が逆隠喩を隠喩の逆と考えて、あえて新たな比喩の類型として提起したのに、既存の隠喩というカテゴリーに問題なく含められるものを逆隠喩と考えていたとは想定し難い。そして、佐藤（[1983] 1987b）自身、「政治家」の例について、(1) に引用したように「現に政治にかかわっている人物について」

---

[6] 佐藤（[1982, 1983] 1987a, b）は「そっちょくな男たち」としているが、以下では議論を簡単にするため、「率直な人たち」とする。

（p. 125）と言っていることからもこのことは疑いない。したがって、逆隠喩の趣意は図1の外延の交差部分だけだと考えるのが妥当である。[7] 佐藤の内包と外延の図式は、逆隠喩を発見するのには役割を演じたものの、それ自体は発見した現象の規定として不適切であった。佐藤が逆隠喩として考えていたものは、確例とそれについての記述から探るべきであると述べた所以である。逆隠喩における外延の変化は、図3に示したように縮小ということになる。

　逆隠喩は拡大と縮小、正反対の二つの見方が可能なのだろうか。これに関連して、佐藤（[1983] 1987b）は、これまでのものと本質的に同様の逆隠喩の例について次のように述べている。「《竹を割ったような気性の人々》を不当に一般化して《江戸っ子》全般にまで拡張したのだ、という判定は、逆に、《江戸っ子》

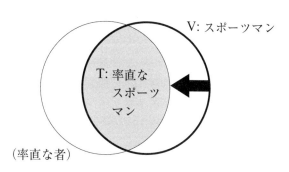

図3　語彙的縮小としての逆隠喩

を、その集合の一部分しか占めていないはずの《竹を割ったような気性の人々》に特殊化したのだ、という判定とうらはらであって、たいてい、一般化とか特殊化という表裏の言いかたは、それだけでは事態の一面を記述するにとどまる」（p. 126）。これに従うと拡大説と筆者の縮小説はどちらも一面的ということになりそうだけれども、筆者はそうではないと考える。なぜなら、佐藤（[1982] 1987a）が主張するように、媒体と趣意の「両者は対等に相互作用をおよぼし合ったり等価で交換されたりするような、おなじステイタスにあるもの同士ではな」く、後者は前者を「手がかりとして新しく成立する」（p. 108）からである。

　具体例を元にこの点を敷衍する。江戸っ子と気前の良い人々[8] の外延は、図3と同じよ

---

　[7] 本稿の見解が正しいとすると、図1・ivの「（種と類による提喩）」という記述も誤りということになる。これは、グループμ（[1970] 1981）流の提喩による比喩の分解で、たとえば次のようになる：〈率直な人〉―種による提喩→〈率直なスポーツマン〉―類による提喩→「スポーツマン」。【レトリックは、元々がよりよく表現するための技法であったため、現代においてもこのように話し手の立場からの、表現内容から表現形式への方向で論述されることが多く、そのような記述は森（2007）にも見られる。対して語用論は、解釈プロセスが最も中心的な関心であるため、聞き手の立場で論述が行われることが多い。もしかするとこの方向性の違いが、森（2007）の拡大説と、筆者の縮小説の対立の根底にあるのかもしれない。】しかし、この例の趣意が率直なスポーツマンだとすると、逆隠喩をこのような提喩の組み合わせとするのは不適切である。なお、このタイプの提喩の組み合わせ（の適切なもの）は、グループμの分類では不可能とされるパターン（(Sp＋Sg)Σ）であるけれども、内海（2008）は可能（例「赤い声」）としており、筆者も内海に同意する。
　[8] 竹を割ったような気性がどのようなものか筆者にはよく分からないため、同じく江戸っ子のス

うな一部重なる 2 つの円で表すことができ、両者の関係を利用した次のような逆隠喩が可能である。

> (4)　（江戸っ子である太郎の友達が彼の誕生日パーティーをレストランで開いてくれた。太郎は全員分の料金を支払った。）友達：さすが江戸っ子だねぇ。

拡大説ではどこから出発するのかが問題になる。一つの可能性は、上の引用に従って「《気前の良い人々》を不当に一般化して《江戸っ子》全般にまで拡張した」と考えることである。しかしこの場合、左の円が右の円に置き換わるということになり、拡張とは言い難い。もう一つの可能性は、「《気前の良い江戸っ子》から出発して、それが"不当に一般化"されて《江戸っ子》全般にまで拡張した（図示するなら、2 つの円の重なる部分から江戸っ子の円に拡張した）」と考えることであるけれども、この一般化は上のコミュニケーションにおいて、特に関与的とは言い難い。どちらの場合よりも、《江戸っ子》をその集合の一部分しか占めていないはずの《気前の良い江戸っ子》に特殊化したと考える方が適当である（既に述べたように、逆隠喩である限り江戸っ子以外は趣意に含まない）。図で表すと、江戸っ子の円から 2 つの円の重なる部分に縮小したということになる。言語表現として現れていて、それゆえ媒体として出発点になるのは江戸っ子であり、趣意《気前の良い江戸っ子》は、それを手がかりとして、コンテクストの助けを借りて新しく成立すると考えるのが適当であろう。

4.2.　語彙語用論的分析：アドホック概念・推意された前提としての逆隠喩

　逆隠喩の媒体から趣意への変化を以上のように捉え直した上で、本稿の分析を提示する。佐藤が逆隠喩を提起してから 30 年以上の歳月が流れた間に、逆隠喩の解釈を分析する枠組みと、その枠組みにおいて逆隠喩が占める位置が用意された。その枠組とは、語が使用された際に語に符号化された意味から語が伝達した意味へとどのように調整がなされ、聞き手が前者から後者へといかにして辿り着くかを研究する語彙語用論である。本稿では特に関連性理論の語彙語用論を採用する。

　語彙語用論において、語の伝達された意味が生じる主なプロセスとして、語彙的拡張（lexical broadening）と語彙的縮小（lexical narrowing、「絞り込み」とも言う）がある。語彙的拡張とは、厳密には符号化された意味に収まらないものをも含むように意味が（外延について言えば）拡張することである。たとえば、「1 時間」は符号化された意味が 60 分＝3600 秒と明確に決まっているけれども、（5）の聞き手は普通そのようには受け取らず、1 時間前後の時間をも含むように拡張して解釈する。

テレオタイプに含まれる気前が良いという性質で代用することにする。

　　(5)　山手線は1周1時間〈≒約1時間〉だ。

一方、語彙的縮小とは、符号化された意味より特定化した意味が伝わるもので、伝わる語用論的意味は（外延について言えば）符号化された意味より縮小する。次の例の「距離」は、《話し手・聞き手が歩くには辛いほど長い距離》のような特定化した意味を担い、距離がゼロではないということを発話が伝えているとは解釈されない。

　　(6)　ここから駅までは距離がある。

　逆隠喩も語彙的縮小である。佐藤（[1983] 1987b: 125）の例を元にして作った次の談話における逆隠喩表現の解釈を考えよう。

　　(7)　状況：元オリンピック選手で国会議員の太郎に嘘をついたという疑惑がある。
　　　　A：　なにしろあいつは政治家だから。
　　　　B：　あの人はスポーツマンだから、まさか。

この「政治家」・「スポーツマン」はどのように解釈されるのか。趣意はそれぞれ《嘘つきの政治家》・《率直なスポーツマン》のようなものと考えられる。先行研究ではこの趣意をステレオタイプという概念で捉えようとしていた。それに対して本研究では、関連性理論の語彙語用論の標準的な説明に従って、これを字義通りのものとはいくらか異なるアドホック概念という概念で捉える（カーストン [2002] 2008, Wilson and Sperber [2002] 2012）。先行研究に従い、アドホック概念は出発点となった概念を表わす形式に「*」をつけて表記することにすると、この「政治家」や「スポーツマン」はアドホック概念である《政治家*》（≒嘘つきの政治家）、《スポーツマン*》（≒率直なスポーツマン）を伝達するということになる。さまざまなタイプのアドホック概念構築（近似（表現）、カテゴリー拡張、誇張法、隠喩、語彙的拡張、語彙的縮小など）の中で、逆隠喩は語彙的縮小ということになる。[9] もっとも、これらのカテゴリーはアドホック概念構築の出発点となる符号化された概念と、解釈において構築されたアドホック概念を比較した結果の分類であって、そのような区別は可能だけれども、現象の説明において何ら役割を果たすものではない。アドホック概念構築の仕方は全て同じ原則に従うからである。
　では、アドホック概念構築はなぜ・どのように起こるのか。関連性理論の語彙語用論では語彙的拡張も語彙的縮小も関連性の探索の副産物として生じると考えられている。具体

---

　[9] 本稿のここまでの議論と同様、「縮小」「拡大」というのは語の意味の外延的側面に注目した言い方であるものの、以下の説明で問題となるのは、専ら概念の特性であり、どちらかというと内包に近い。外延の縮小・拡大はその結果にすぎず、それ自体が説明において重要な役割を担うわけではない。

的には、発話を向けられた聞き手は、拡張・縮小の場合に限らず一般に、その状況における
るその発話への特定の関連性の期待が満たされるまで、最小の処理労力をかけつつ、①発
話の明示的内容（語の表現する概念を含む）、②コンテクストとして発話解釈に用いる想
定、③発話の認知効果の 3 つを相互に調整する。[10] この相互調整の中で、語の表現する意
味の調整がアドホック概念の構築によって行われる。語彙的縮小の場合は、符号化された
概念を出発点に、そこからアクセスできる百科事典的情報を利用してアドホック概念を構
築し、明示的内容に組み入れるということである。なお、符号化された概念とは文脈中立
的なもので、たとえば、「スポーツマン」、「政治家」はそれぞれ、（個人差のある百科事典
的情報や文脈依存的なコノテーションを含まない単なる）《スポーツをする男》、《仕事と
して政治を行う者》と近似できるものを符号化していると考える。[11]

　たとえば (7)B の逆隠喩「スポーツマン」は以下のように分析される。まず、想定され
る状況では、太郎の悪い噂について最適な関連性を達成するという発話への特定の期待が
あると考えられる。この期待のもとで、①②③の相互調整が行われる。

　①発話の明示的内容：符号化されたスポーツマンの概念からアクセスできる百科事典的
情報が活性化する。特に《率直だ》という特性は、悪い噂の先行文脈のためにアクセスが
容易である。聞き手はそれにアクセスし、アドホック概念の《スポーツマン*》（≒率直な
スポーツマン）を構築して明示的内容に組み込み、《太郎はスポーツマン* だ》が得られ
る。なお、ここでは、聞き手のスポーツマンについての百科事典的知識に《率直だ》とい

---

　[10] 査読の過程において、解釈にあたって「文脈情報」が重要なのに、それを全く考慮に入れずに
説明しようとしているように読める箇所があるとの指摘をいただいた。「文脈情報」とは、先行する
発話、発話の状況、逆隠喩表現を含む文の残りの表現等のことのようである。関連性理論の「コン
テクスト」はこれら（の心的表示）に限られるものではないが、関連性理論の説明においてこれらが
考慮されないことはあり得ない。逆隠喩表現を含む文の残りの表現が表わす情報は①発話の明示的
内容に貢献し、先行発話の伝達した想定や発話状況は②コンテクストとして発話解釈に用いる想定
として選択されることがあるだけでなく、③発話の期待される認知効果にも影響を与えるからであ
る。①②③は相互調整されるため、当然形成されるアドホック概念がどのようなものになるのか（①
の一部）も選ばれた文脈情報の影響を受ける。
　[11] 符号化された概念がどのようなものかは関連性理論の中で議論が続いている（たとえば、カー
ストン [2002] 2008: 5.4, Carston 2012 参照）。ここでは関連性理論において標準的なモデル（スペ
ルベル・ウィルソン [1995] 1999: 2.4）に従って、（単純語が符号化する）概念自体は内部構造のな
い原子的なもので、それが記憶のアドレスとして論理的記載事項、百科事典的記載事項、語彙的記
載事項へのアクセスを可能にすると考える。（原子的なものの場合、本文中に《 》で示したようなパ
ラフレーズは厳密には不可能である。）語彙的記載事項は発音や品詞などの言語的情報であり、論理
的記載事項はその概念を含む論理形式に適用することが論理的に保証されている演繹規則の集合で、
この 2 つには個人差がほとんどない。百科事典的記載事項はそうではなく、個人差が大きく、その
概念が字義通りに当てはまる対象全てが持つわけではない情報をも含む。カーストン（[2002] 2008:
505 の思うところ）によると、語彙的縮小においてアドホック概念は、符号化されている概念の百
科事典的記載事項の一部を論理的な（つまり内容構成的な）ものにすることによって形成される。

う特性が含まれている場合を想定している。そのような知識がない場合、たとえば、聞き手が率直なスポーツマンに会ったことがなく、そんな者は存在しないと思っている場合でも、太郎がスポーツマンであることを根拠に彼が嘘をついたという噂に話し手が懐疑的な態度を取っていることが明らかな状況では、適切なアドホック概念を聞き手が構築できる可能性が高い。

　②コンテクスト的想定：期待される類の認知効果を導く推論の前提となり、アクセスが容易な想定として《スポーツマン*は率直だ》が選ばれる。これは関連性理論の用語で言えば、推意された前提（implicated premise）であり、これも推意として伝わっていることになる。つまり、(7) の B は (8) のように、そして (7) の A は同様に (9) のように解釈される。

> (8)　B:　太郎はスポーツマン*だ。(表意) （「から」の意味は不問とする。)
> 　　　a.　推意された前提：スポーツマン*は率直だ。
> 　　　b.　推意された結論：太郎は率直だ。→…→太郎は潔白だ。
> (9)　A:　太郎は政治家*だ。(表意) （「なにしろ」の意味は不問とする。)
> 　　　a.　推意された前提：政治家*は嘘つきだ。
> 　　　b.　推意された結論：太郎は嘘つきだ。

先行研究が逆隠喩として主に注目していたのは、このアドホック概念と推意された前提の部分だったと言えよう。

　③認知効果：(8) の表意と推意された前提から《太郎は率直だ》が演繹され、そこから比較的強い含意・比較的強い推意（両者の違いは Sperber and Wilson [2008] 2012c: 7 節参照）として、《太郎は潔白だ（と話し手は考えている）》が得られる。これで聞き手の関連性の期待が満たされる。なお、以上の過程は相互調整であり、必ずしも時間的に①②③の順で決まっていくのではない。特にアドホック概念を含む明示的内容を得るにあたっては、期待・予想される認知効果からの逆行推論（backwards inference）の貢献がある（Wilson and Sperber [2002] 2012）。つまり、演繹推論の前提→結論という順序ではなく、期待される認知効果を元にしてそのような含意を保証するように明示的内容を拡充するという推論が行われる。

4.3.　逆隠喩におけるステレオタイプの役割

　逆隠喩の先行研究ではステレオタイプという概念に非常に重きが置かれているのは上で述べた通りである。佐藤（[1983] 1987b）も「ステレオタイプ」という表現は１度しか使っていないものの、「逆隠喩を、ことによるとイデオロギー効果一般の、単位レベルにおける原理的メカニズムとして想定することも、できなくはなさそうである」(pp. 125-126) と社会的に共有された信念という点で類似することを述べている。さらに、新グラ

イス派のレヴィンソン（[2000] 2008）の語彙的縮小の扱いにおいても、「単純に記述されていることは、ステレオタイプ的に例示される」（p. 38）という発見法（heuristic）が掲げられている。しかし、逆隠喩においてステレオタイプが不可欠で本質的な役割を演じるという先行研究の説には問題が多い。

4.3.1.　ステレオタイプ説の問題

　第一に、ステレオタイプが複数ある場合、どれが選ばれるかが問題になる。たとえば、英語の bachelor には、少なくとも次の 3 種類のステレオタイプがある（カーストン [2002] 2008: 484）：1. 若くて、異性愛者で、長い期間一緒に生活できる、つまり結婚相手に相応しい；2. 年長で、人と交わるのが不得手で、女性嫌い；3. 責任感がなく、恋愛を遊びと思っていて、いつまでも若い気持ちで自由を謳歌する。たとえば婚活中の若い女性の次の発話では、多くの場合に 1 が選ばれる。このことをステレオタイプ説はどう予測できるのだろうか。

　　(10)　I want to meet some *bachelors*.　　　　　　（カーストン [2002] 2008: 480）

もちろん、適切なステレオタイプを選択するには、コンテクストの参照が必要である。ステレオタイプ説ではこの点が説明に取り込まれておらず、少なくとも語用論の観点からは理論として不充分である。しかも、この話し手の男性の好み（たとえば、高学歴）が聞き手に知られていて相互顕在的であったら、1 にその属性を加えたものとして上の "bachelor" は解釈されるかもしれない。そうなると、伝達された意味は、広く社会に共有されていないものであるためにステレオタイプから外れる。

　第二に、逆隠喩で語彙的意味に加えて伝達されている特徴がステレオタイプに含まれないことがある。たとえば、(2) の「従兄」の例では、《性的対象でない》という特徴が伝達されているものの、それを含んだステレオタイプがあるとは言い難い（査読コメントより）。また、以前の筆者のように《率直だ》というステレオタイプをスポーツマンに抱いていないし知らない聞き手にとっては、そのようなステレオタイプは無いも同然である。それでも (1) の逆隠喩を正しく解釈できる可能性は高いだろうから、どのようにしてそれができるのかも説明する必要がある。

　第三に、ステレオタイプがたとえ 1 つでも、どの部分が逆隠喩で用いられるかを説明する必要がある。たとえば、(1) ではなぜ《率直だ》という特徴よりもスポーツマンについて広く共有されていると思われる《体力がある》などが活用されないのだろうか。単なるステレオタイプに基づく連想としてはどれを選ぶことも可能なはずである。ステレオタ

イプの概念だけではこのことが説明できない。[12]

　最後に、そもそもなぜステレオタイプの解釈をするのかという根本的な疑問も残る（カーストン [2002] 2008: 3 章、注 6）。

4.3.2.　関連性理論の語彙語用論による問題への答え

　本稿の説明には、ステレオタイプ説に伴う上記の問題点はない。以上で問題となったことは全て、推論において推意された前提として用いられるコンテクスト的想定として何が選ばれるかという一般的な問題の特殊ケースであり、逆隠喩の趣意・アドホック概念として何が伝わるかという問いに対しては、関連性理論の一般的な説明が答えを与える。まず、逆隠喩の関わらない次の例を考えよう。

　（11）　太郎：　最近出た僕の論文読んだ？
　　　　　花子：　私はバカの書いたものは読みません。

この例において太郎は、以下の理由のために推意された前提《太郎はバカだ》を導入する。太郎は自分の質問の答えを得ることで最適な関連性の期待を満たすべく、花子の発話を解釈する。具体的には、構築した表意《花子はバカの書いたものは読まない》とその前提を組み合わせて、推意された結論《花子は太郎の書いたものは読まない》を演繹し、そこから《花子は最近出た太郎の書いた論文を読んでいない》という含意を得る。太郎はたとえ自分がバカだと信じていなくても、《太郎はバカだ》を導入できるし、そうせざるを得ないということが重要である。なお、《太郎はバカではない》を導入してどうにかして《花子は太郎の論文を読んだ》を導こうとする推論は、処理労力の面でも認知効果（特に結論の確信度）の点でも《太郎はバカだ》を導入する場合に劣り、従って最適の関連性を達成しないために行われない。

　逆隠喩の趣意が伝わるのも最適な関連性の期待が満たされるためである。趣意に加わるのは、逆隠喩表現に符号化された概念からアクセスできる百科事典的情報で、推意された前提として導入することで期待を満たす結論を導けるようなものである。その選択においては、当然、逆隠喩表現以外から得られるコンテクスト的情報も重要な役割を演じる。たとえば、(7)B の「太郎はスポーツマンだから、まさか」の解釈の際には、A の発話への B の非言語的反応、B の発話に伴うパラ言語的情報、そして「まさか」などに基づくコンテクスト的想定などが《太郎は嘘つきではない》という含意を活性化させる。これらとともに解釈される「彼はスポーツマンだから」はこの含意を保証する方向に解釈されて《ス

---

[12] ステレオタイプのような連想に基づく説明よりも、本稿のような推論に基づく説明の方が理論として好ましいという点は、Wilson and Carston ([2007] 2012) 参照。両アプローチの比較は、Sperber and Wilson ([2008] 2012c) も参照。

ポーツマン*》が構築されることになる。(10) の "bachelor" の解釈においてそれが伝える解釈がステレオタイプ 1 に合致するとしたら、前述の①②③の相互調整が行われて、期待された認知効果が得られるように解釈を行うという、関連性理論の主張する一般的な解釈プロセスに従った結果としてそうなったのである。

　(11) の太郎は自分が信じていないことでも推意された前提として導入できる。これと同様に、逆隠喩の聞き手は話し手が逆隠喩に利用したステレオタイプを共有していなくても適切に解釈できる。たとえば、(7) の状況にある聞き手としての A は、スポーツマンは率直だと考えていなくても、そのことを推意された前提として補えるだろう。[13] ステレオタイプが逆隠喩に利用されていてもそれは必ずしも共有されている必要はないのである。文法・語彙といった言語知識の差を埋め合わせることは、語用論的推論の最も重要な役割の一つである (Wilson and Carston [2007] 2012: 122)。

　ステレオタイプ説の第三の問題——ステレオタイプに含まれるどの情報が解釈に用いられるか——にも既に答えが与えられている。最適の関連性の期待を満たすべく、期待される認知効果を保証するようなアドホック概念が構築され、それに相応しい情報が用いられるということである。逆隠喩表現を元に構築されたアドホック概念はステレオタイプに合致している必要はないため、そもそもなぜステレオタイプの解釈をするのかという疑問が生じないことは言うまでもない。

4.3.3.　本稿の分析とステレオタイプの関係

　本研究は、ステレオタイプの存在自体を否定はしないし、逆隠喩の解釈がステレオタイプに合致し得ることも認める。ステレオタイプが本稿の説明で役割を演じるとしたら、関連性の高さを決める一面、処理労力の面においてである。ステレオタイプの持つ属性は符号化された概念が活性化する百科事典的情報の中で、頻用されるためにまとまりとしてアクセスしやすくなっていると考えられる (Wilson and Carston [2007] 2012: 127)。アクセスが容易ということは、処理労力がかからず、その分関連性が高まるため、最適の関連性を期待する聞き手に用いられやすいということになる。

　さらに、ステレオタイプの起源の少なくとも一つとして、アドホック概念が考えられる。たとえば、ある若い婚活中の女性の発話 (10) の "bachelor" を適切に解釈することは、前述のステレオタイプ 1 をあらかじめ持っていなくても可能だろう。発話者が結婚相手として bachelor を探しているということを理解すれば、結婚していない成人男性という論理的特性だけから、若くて、異性愛者で、長い期間一緒に生活できるといった特性

---

[13] 佐藤 ([1978] 1992：1 章) に、媒体をよく知らなくても直喩が理解できることが述べられている。そのメカニズムの少なくとも一端として同様のことがあろう。

を持った独身男性へと縮小して解釈できるからである。同様のことが話し手側にも言える。(10) の発話によってそのように縮小した bachelor を伝達するのに、出来合いのステレオタイプ1をあらかじめ持っている必要はない (Sperber and Wilson [1998] 2012b: 4節)。そして、そのような情報のまとまりに基づくアドホック概念が繰り返し構築されると徐々にルーチン化し、ルーチン化した者にはアドホックな概念の構築は必要なくなるし、やがてそれが社会に広く共有された信念となればステレオタイプ、さらには新たな独立した語義にもなり得る (Sperber and Wilson [1998] 2012b: 43, Wilson and Carston [2007] 2012: 120)。

　以上で述べたように、逆隠喩はアドホック概念構築を含む一般的な発話解釈の方法に沿って解釈されているだけであり、ステレオタイプが参照される必要が常にあるわけではない。従って、逆隠喩で語彙的意味に加えて伝達されている特徴がステレオタイプに含まれないことがあっても本稿の説明には何ら問題とならない。ステレオタイプが関与するとすれば、それが定着しているためにアクセスしやすくなっていて、そのため処理労力が低く、その分関連性が高くなるからという一般的な理由によるものであり、ステレオタイプの関与は逆隠喩に固有の特徴とは考えられない。逆隠喩を適切に説明するためには、ステレオタイプの概念だけでは不足で、発話解釈に必要な語用論的推論を考慮に入れなければならないのである。本稿の提示したアドホック概念形成による説明は、このようにステレオタイプの概念を取り込みつつ、ステレオタイプ説では説明できない例を扱えるという二重の意味で包括的である点においてステレオタイプ説より優れていると筆者は主張する。

　前述の通り、逆隠喩を提唱した佐藤 ([1982, 1983] 1987a, b) もステレオタイプ説に位置付けられる (籾山 2016: 92)。しかし、佐藤の議論の原点に立ち返って、逆隠喩は第一に転義の一類型であると考え、その適切な特徴づけは語彙的縮小であるとするならば、逆隠喩にステレオタイプの関与が必然的だとする必要はない。そうならばステレオタイプの解釈にならない (6) の「距離」のような語彙的縮小の例も逆隠喩とみなせるだろう。

4.4. 語彙的縮小説のインプリケーション

　第一に、森 (2007) は、佐藤 ([1982, 1983] 1987a, b) が逆隠喩と呼んでいた現象こそが代表させる提喩の逆のプロセスだと主張している。この考えは語彙的縮小説でも受け継がれ、逆隠喩は敢えて分類するなら提喩の一環と位置付けられる。なお、種によって代表させる提喩は、少なくとも符号化された概念と伝達された概念を比較する限りでは、語彙的拡張の一種である。もっとも、語彙的縮小と語彙的拡張は逆のプロセスではあるものの、相互排他的なものではない。たとえば、

　　(12)　フランスは六角形である　　　　　　　　　(オースティン [1962] 1978: 238)

という例は、しばしば語彙的拡張として、つまり《6本の線分で囲まれた図形》が《6つ

の真っ直ぐに近い線で囲われた形》のような意味で使われていると分析されるけれども、符号化された意味での《六角形》においては 6 辺の長さの割合は決められていないのに対し、この例で伝達された《六角形*》では 6 辺の長さはほぼ同じである（ただし、原文の英語 "hexagonal" においては、各辺の長さが等しいことは符号化された意味に含まれる）。つまり、この例の「六角形」は《六角形*》（≒おおよそ正六角形で各辺が直線でないもの）として理解される。《六角形》から《正六角形》への変化は語彙的縮小であるから、この例では語彙的拡張と語彙的縮小が同時に起こっていると言える。このような現象は種による提喩と類による提喩の二分法では想定されておらず、隠喩とされるかもしれない。ここで重要なのは、隠喩／提喩という区別は可能ではあるものの、その区別に語用理論的な意義はないということである（6.2 節）。もちろんこのことは、表現の教則としてのレトリックにおいてその区別が有益かどうかとは無関係である。

　第二に、逆隠喩は隠喩の逆かという問いに対して、森（2007: 170）は否と答えている。関連性理論では隠喩は語彙的拡張として扱われることがある（たとえば、入門書の ウィルスン・ウォートン 2009: 11 章）。そうなると、逆隠喩は隠喩の逆となり、実際、Wilson（2003: 281）は隠喩と縮小は相補的なプロセスとしている。しかし、ほとんどの隠喩には拡張と縮小の両方が伴う（Sperber and Wilson [2008] 2012c: 111）。そうだとすれば、逆隠喩を隠喩の逆と捉えるのは妥当ではないということになる。

　第三に、佐藤（[1983] 1987b）は「逆隠喩の本質的な特性のひとつは、それが《分類》の弾性化ないし交錯にある [...]。そして、ある個体をことなるふたつ以上の分類法の交錯によって認識するというメカニズムのあるところには、たいてい、ほとんどミクロ・イデオロギー作用すら感じられぬかたちで、逆隠喩作用があらわれる」(p. 138) と述べている。しかし、これまでの観察では、逆隠喩においては、それが適用されているメンバーが属する政治家、スポーツマンといったカテゴリー1 つとその成員の特性が関わっているだけで、2 つ以上のカテゴリーが関わっているとは言い難い。この点は、ある国の国民全体をある動物に例えるような隠喩において 2 つのカテゴリーが関わっているのとは異なる。逆隠喩の本質的な特性として分類の弾性化は認められても、交錯を認めることはできないだろう。

5.　今後の逆隠喩研究の展開の可能性

5.1.　逆直喩

　逆隠喩にも隠喩に対する直喩に相当するもの──いわば逆直喩──があるのだろうか。形の上では、隠喩に「まるで」や「〜のような」といった標識が付いたものが直喩であり、提喩と換喩にも同様の区別が考えられることが森（2002）で論じられている。逆隠喩にも

そのような標識と考えられるものがある。[14]

    (13)　（気前よくお金を払った東京出身者の太郎に）太郎は<u>さすが</u>江戸っ子だ。

    (14)　（気前よくお金を払わなかった太郎に）太郎は江戸っ子<u>らしく</u>ないねぇ。

これらの例の「さすが」「らしい」は、前後の名詞をそれが符号化していない特定の特性を伴って解釈することを促すため、逆直喩の標識と言えるだろう。隠喩と直喩では喩辞の表すものが異なることが Glucksberg（2008）などで示されているが、逆隠喩と逆直喩にも標識の有無を超えた実質的な違いがあるのかといったことが今後の課題となる。

5.2.　名詞以外の逆隠喩

　佐藤の挙げた逆隠喩の例は名詞ばかりだったが、隠喩同様に名詞以外の逆隠喩も可能だろうか。たとえば次の例はどうだろうか。

    (15)　A：「あいつ、なんで最近昼メシにカップ麺ばかり食ってんの？」
         B：「<u>家買ったらしい</u>よ」（査読コメントより）

この例では、家を買うという行為に付随する多額の出費をするという行為も伝達されているため、《政治家》のカテゴリーのメンバーにしばしば付随する《嘘つき》のような属性をも伝達する（1）と同様の逆隠喩とみなせる。ただ、この解釈に関与するのは家を買うことのフレームであり、レトリックの観点からは、単一の行為のフレームが関与するとされる換喩（西村 2004）ともみなせるかもしれない。思わぬところで提喩（の一環である逆隠喩）と換喩が接することになった。畢竟、言語表現の解釈にはコンテクストが重要であり、それには百科事典的知識が含まれることを考えると、この点において両者が接点を持つのは不思議なことではなかろう。

6.　おわりに：レトリックと語用論

　以上本稿では、逆隠喩を関連性理論の語彙語用論の観点から再検討し、逆隠喩はアドホック概念を形成する語彙的縮小だと主張した。最後に、本号の特集の趣旨に鑑み、レトリックと語用論の関係を論じてこの稿の締めくくりとしたい。

---

[14] この標識の有無は、本稿冒頭で触れた潜在型／顕在型の区別とは異なる。潜在型と顕在型の区別は隠喩にも直喩にもある（佐藤・佐々木・松尾 2006: 2-1-4-7）。

6.1.　語用論から見た佐藤信夫のレトリック論

　佐藤信夫のレトリック論は、認知言語学的修辞研究を予見するものとして森（2004）、西村（2004）などで高く評価されているものの、語用論からの評価は管見の及ぶ限り見当たらない。佐藤の諸論考は語用論の観点からも先駆的であったと筆者は考える。

　森（2007）、籾山（2016）、及び本稿は、論文「逆隠喩」（佐藤 [1983] 1987b）の前半を主に参照し、後半はあまり顧みていない。この論文の後半では逆隠喩から一旦離れて、格言が一段論法であり、「《前提を導き出すための結論》という倒錯的ロゴスとして、まさに（レトリック概念としての）トポスの機能を体現する表現形式」（p. 137）だということが主張されている。そして、都合のいい前提への誘導のために（伝統的なレトリック用語としての）エートス＝パトスのトポス構造が利用されるとのことである。この部分は逆隠喩とのつながりが見出しにくく、晦渋と言わざるを得ない。

　しかし、関連性理論の観点からは、この「レトリック的なエートス＝パトス概念」とは 2 つの関連性の原理に相当するものと考えられ、これが解釈の鍵となるように思われる。そこでのエートスとは「受信者がわから発信者に投影される信頼性」（p. 137）のことである。受信者は発信者の発話が自身にとって最適の関連性を持つと期待できるということを関連性の伝達的原理は主張しており、この期待できるということが信頼性に相当すると考えられる。そして、そこでのパトスとは、「発信者がわから操作ないし予期しうるものとして見られた受信者の感受性」（p. 137）のことだが、これは関連性の認知的原理が主張する人間の認知の性質（つまり、関連性を最大にするように働く）にあたると考えられる。関連性理論の主張によると、受信者の感受性が操作・予期できるのは、受信者の認知にこの原理が成り立ち、心の理論によって発信者が受信者の心的状態をかなりの程度正確に見通せるからである。そして、「都合のいい前提への誘導」というのは、（11）の花子の発話「私はバカの書いたものは読みません」から聞き手が信じていない《太郎はバカだ》という推意された前提を導き出すようなことと考えられる。上述の通り、このようなことが可能であるのは、伝達的原理が主張するように、聞き手が最適の関連性の期待に導かれて発話解釈を行うためであり、認知的原理はその前提として成り立っている必要がある。逆隠喩においても、期待される認知効果は「前提を導き出すための結論」であり、この結論を保証するようにアドホック概念を含む前提を導入するのであった。

　このように、佐藤の論考には語彙的縮小以外にも、その後の語用論で重要となる概念の先駆けが観察される。もう一つ例を挙げると、「すべての言語表現においてあらゆる語は、使われる一回ごとに意味を伸縮させているのではないか、と考えてみてもいいはずである」（佐藤 [1983] 1986: 12）と佐藤は提案しているが、関連性理論の語彙語用論では、内容語が使われるたびにアドホック概念が構築されるという可能性が検討されている（カーストン [2002] 2008: 5.4 など）。

6.2. レトリック研究と語用論

　最後に、研究分野としてのレトリックと語用論の関係について若干考察して本稿を終わりたい。語用論、特に関連性理論の研究者がレトリック研究に向ける目は厳しい。たとえば、Sperber and Wilson（[1990] 2012a: 96）では、「レトリックは研究主題を何も専有していない。なぜなら、レトリックが自分自身のものと主張する現象と問題は、自律的なカテゴリーではなく、異種混合した項目の集合同然だからである。その集合は解体され、個々の項目は人間のコミュニケーションへの認知的アプローチのより広い枠組みにおいて研究されるべきである」（筆者訳）と述べられている。具体的には、メタファー、アイロニーなどの修辞技法は、修辞的でない言語表現の解釈にも等しく用いられる原理で統一的に扱うことが可能であり、レトリック理論が作り上げた分類体系とそれが含むカテゴリーは、語用理論において不要だとも言われている。[15] 本稿で扱った逆隠喩は、一般的な発話解釈原理に従って起こるプロセスである語彙的縮小に還元された。

　では、語用論研究にとってレトリック研究は無益無要なのだろうか。筆者はそうではないと考える。Sperber and Wilson は、修辞技法を教えることには一つだけ議論の余地のない帰結があると述べている。それは、既に自発的にやってきたこと、つまり修辞技法を用いることに自覚を与えることである（p. 96）。彼らはこれを否定的に捉えている。しかし、日々無意識に行っている言語使用に意識を向けることは言語研究の第一歩であり、これからもレトリック研究は研究者にとって気付きと示唆を与えるという意味で語用論にとって有益であり続けるだろう。

参照文献

オースティン, J. L.（坂本百大訳）. [1962] 1978.『言語と行為』東京：大修館書店.

カーストン, R.（内田聖二他訳）. [2002] 2008.『思考と発話：明示的伝達の語用論』東京：研究社.

Carston, Robyn. 2012. Word Meaning and Concept Expressed. *The Linguistic Review*, 29(4): 607-623.

Glucksberg, S. 2008. How Metaphors Create Categories—Quickly. In R.W. Gibbs Jr. (ed.), *The Cambridge Handbook of Metaphor and Thought*, 67-83. Cambridge: Cambridge University Press.

グループμ.（佐々木健一・樋口桂子訳）. [1970] 1981.『一般修辞学』東京：大修館書店.

楠見孝. 1990.「直観的推論のヒューリスティックスとしての比喩の機能」、『トランスフォーメーションの記号論』、197-208、神奈川：東海大学出版会.

---

[15] 前述の通り、レトリック理論の分類体系とカテゴリーが教則としてのレトリックにおいて有用であるかは別問題である。

レヴィンソン, S. C.（田中廣明・五十嵐海理訳）[2000] 2008.『意味の推定：新グライス学派の語用論』東京：研究社.

籾山洋介.　2016.　「ステレオタイプの認知意味論」、山梨正明他（編）『認知言語学論考 No. 13』、71-105、東京：ひつじ書房.

森雄一.　2002.「明示的提喩・換喩形式をめぐって」、山梨正明他（編）『認知言語学論考 No. 2』、1-24、東京：ひつじ書房.

森雄一.　2004.「問題群としてのレトリック」、成蹊大学文学部学会（編）『レトリック連環』、61-83、東京：風間書房.

森雄一. 2007.「隠喩・提喩・逆隠喩」、楠見孝（編）『メタファー研究の最前線』、159-175、東京：ひつじ書房.

西村義樹. 2004.「換喩の言語学」、成蹊大学文学部学会（編）『レトリック連環』、85-108、東京：風間書房.

佐藤信夫. [1982] 1987a.「転義あるいは比喩のかたち──または逆隠喩について──」、『レトリックの消息』、102-121、東京：白水社.

佐藤信夫. [1983] 1987b.「逆隠喩」、『レトリックの消息』、122-139、東京：白水社.

佐藤信夫. [1978] 1992.『レトリック感覚』東京：講談社.

佐藤信夫・佐々木健一・松尾大. 2006.『レトリック事典』東京：大修館書店.

スペルベル, D.・ウィルソン, D.（内田聖二他訳）. [1995] 1999.『関連性理論：認知と伝達』（第 2 版）東京：研究社.

Sperber, D. and Wilson, D. [1990] 2012a. Rhetoric and Relevance. In D. Wilson and D. Sperber, *Meaning and Relevance*, 84-96. Cambridge: Cambridge University Press.

Sperber, D. and Wilson, D. [1998] 2012b. The Mapping between the Mental and Public Lexicon. In D. Wilson and D. Sperber, *Meaning and Relevance*, 31-46. Cambridge: Cambridge University Press.

Sperber, D. and Wilson, D. [2008] 2012c. A Deflationary Account of Metaphors. In D. Wilson and D. Sperber, *Meaning and Relevance*, 97-122. Cambridge: Cambridge University Press.

内海彰. 2008.「グループ μ の「隠喩の二重提喩論」再考──（二段階）カテゴリー化理論との関係──」日本認知科学会「文学と認知・コンピュータ研究分科会 II」第 15 回定例研究会資料、G15-03／人工知能学会第 29 回ことば工学研究会資料、51-62.　[http://www.utm.inf. uec.ac.jp/~utsumi/paper/lcc15-utsumi.pdf]

山泉実.　2005.　「シネクドキの認知意味論へ向けて：類によるシネクドキ再考」、山梨正明他（編）、『認知言語学論考 No. 4』、271-312、東京：ひつじ書房.

山泉実. 2006.「ドメインの統一による種で類全体を表す表現の分析」、『日本認知言語学会論文集』6、288-298.

Wałaszewska, E. 2015. *Relevance-Theoretic Lexical Pragmatics*. Newcastle upon Tyne: Cambridge Scholars Publishing.

Wilson, D. 2003. Relevance and Lexical Pragmatics. *Rivista di Linguistica* 15(2), 273-291.

Wilson, D. and Carston, R. [2007] 2012. A Unitary Approach to Lexical Pragmatics: Relevance, Inference, and Ad Hoc Concepts. In Asa Kasher (ed.), *Pragmatics II: Critical*

Concepts, Vol. 2: 112–139. Milton Park, Abingdon: Routledge.

Wison, D. and Sperber, D. [2002] 2012. Truthfulness and Relevance. In D. Wilson and D. Sperber, *Meaning and Relevance*, 47–83. Cambridge: Cambridge University Press.

ウィルスン，D.・ウォートン，T.（今井邦彦編、井門亮他訳）. 2009.『最新語用論入門 12 章』東京：大修館書店.

『語用論研究』第 19 号（2017 年）pp. 22–39
© 2017 年　日本語用論学会

〈特集投稿論文〉レトリックの語用論［研究論文］

記事談話冒頭における多重左方転位構文の
修辞的効果について

山　内　　　昇

大同大学

This study concerns multiple left dislocation（MLD）wherein more than two elements are enumerated in the left peripheral position.　When it appears discourse-initially, the left dislocation construction is observed to be infelicitous.　However, MLD can be found in discourse-initial contexts, such as opening statements of newspapers and magazines.　This study accounts for this peculiarity from rhetorical points of view and argues that MLD can effectively be used at the beginning of discourses to hold the reader's attention in a state of suspense.

キーワード：　多重左方転位、左方転位、修辞的効果、記事談話冒頭、サスペンス

1.　はじめに

　左方転位（left dislocation; 以後 LD と略記）[1] とは、（1）に示すように、ある語句が文頭に生起し、後続節にその語句を同一指示する代名詞等が使用される構文である。[2]

---

　* 本稿の執筆に際し、大名力先生、3 名の匿名査読委員の方々、滝浦真人編集委員長から貴重なご指摘とご助言を賜りました。この場を借りて、心より感謝の意を申し上げます。なお、本稿の不備や誤りは、全て筆者の責任によります。

　[1] 本研究では、構文の名称として「左方転位」という用語を使用する。この用語は生成統語論の枠組みの中で、Ross（1967: 422）により、移動操作の名称として使用されたものである。（1）のような構造に対する「転位（dislocation）」という用語の使用は、生成統語論で使用されるよりも前から存在しており、筆者が知る限り Bally（1909: 311）が初出である。したがって、この用語の使用が即座に統語的な移動操作の仮定につながるわけではない。

　[2] 簡潔化のため「・・・を同一指示する代名詞等が使用される」という一般的な LD の定義を述べたが、Lambrecht（2001）によれば、次の（i）のように、後続節に文頭の語句を同一指示する代名詞等が生起するという条件は、満たされない場合がある。

　　(i)　That's not the typical family anymore. The typical family today, the husband and the
　　　　wife both work.　　　　　　　　　　　　　　　　　　　　（Lambrecht 2001: 1059）

（i）における the typical family today と the husband the wife には、同一指示的ではない意味関係が成立している。MLD においても、次の（ii）に示すように、文頭の語句と後続節内の名詞句との

(1)　Her parents, they seem pretty uncaring.

(Huddleston and Pullum 2002: 1409)

LD に関する従来の研究では、LD により談話を開始することはできないと指摘されている（Hankamer 1974: 221 参照）。しかし、広範囲のデータを観察すると、その使用はより複雑である。次の（2）に示すように、複数個の語句が文頭に列挙されるタイプの LD は、新聞・雑誌における記事の本文一文目といった、先行文脈を伴わない環境に使用される場合がある。

(2)　Twitching, trembling, panic, disorientation, hallucinations, terror, depression, mania and psychotic breakdown—these are some of the reported effects of meditation.　Surprised?　We were too.　(Miguel Farias and Catherine Wikholm. "Ommm... aargh!" *New Scientist*, 16 May 2015, pp. 28-29)

本研究では、便宜的に（1）と（2）のようなタイプの LD をそれぞれ「一重左方転位」（Single Left Dislocation; 以後 SLD と略記）と「多重左方転位」（Multiple Left Dislocation; 以後 MLD と略記）と呼ぶことにする。[3] また、新聞・雑誌における記事の本文を「記事談話」と呼び、その一文目を「記事談話冒頭」と呼ぶことにする。

　本研究は、MLD が記事談話冒頭に使用される理由を、構文としての機能的特徴から考察し、次のように主張する。MLD には、文頭に複数個の語句を列挙することにより、読み手に何らかの範疇名を考えさせた上で、後続節に書き手が意図した範疇名が明かされるという機能的特徴がある。先行文脈を伴わない環境に使用されると、文頭の列挙と後続節における意図の明示がサスペンスの発生と解消の働きを担う。それにより、読み手の関心が以降の内容に引きつけられるという修辞的効果が発生するため、記事談話冒頭という環境に効果的に使用される。

　本論文の構成は以下の通りである。第 2 節では、SLD の機能に関する先行研究を概観

間に、同一指示以外の意味関係が成立する場合がある。
　(ii)　Manipulative, dishonest and lacking empathy—the traits that describe a psychopath aren't particularly pleasant.　(Jessica Hamzelou. "Psychopaths aren't so clever after all." *New Scientist*, 28 Jan. 2017, p. 12)
(ii) では、文頭の 3 つの語句と後続節における the traits that describe a psychopath との間に、上位下位の関係が成立している。本研究は、(ii) のような事例も MLD に含めて議論を進める。
　[3] 本研究が SLD と MLD と呼ぶ事例は、伝統文法では「重化主語（Verdopplung des Subjektes）」（Mäzner 1864: 16-26）および「主語の繰り返し（repetition of subject）」（Poutsma 1904: 127-129）と呼ばれてきた。名称からも分かるように、これらの研究では、主語位置に文頭の語句を同一指示する代名詞等が使用された事例のみが考察対象とされている。本研究が扱う MLD の事例には、主語位置に代名詞類が使用されないものもあるため、これらの用語は採用しない。

する。第 3 節では、MLD の使用場面を指摘し、冒頭場面の使用には、従来の機能を適用できないことを示す。第 4 節では、MLD が特徴的に使用される記事談話には、その書き出しにサスペンスを発生させる文体がたびたび使用される性質があることを述べる。第 5 節では、MLD の機能的特徴を指摘し、記事談話冒頭における修辞的効果を考察する。第 6 節では、全体のまとめを述べる。

2.　先行研究の概観

　英語における MLD の事例は、古くは Mäzner（1864）と Poutsma（1904）により取り上げられているが、その使用場面や機能に関しては、現在までほとんど記述が進められていない。そのため、本節では、SLD を対象に行われた LD の機能に関する先行研究を概観し、既存の機能に基づくと、LD は先行文脈を伴わない環境に使用される用法を持たないと予測されることを示す。なお、LD の機能に関する研究には、単一の機能を仮定する立場と、複数個の機能を仮定する立場とがある。以下では、どちらの立場における機能が記述的に妥当なのかという議論には立ち入らず、二つの立場を分けて概観する。

2.1.　単一の機能を仮定する研究

　前者の立場を取る研究の先駆けとして、Rodman（1974）と Gundel（1974）が挙げられる。まず、Rodman（1974: 440）によれば、LD は新しい話題を談話に確立させる操作であるため、既に確立された話題を LD によって取り立てると容認不可になる。例えば、（3）の疑問文に対する応答（a）のように、先行発話に提示された John を LD により話題として取り立てることはできないが、（b）のように、新しい話題として Bill を取り立てると、容認可能になる。

> (3)　What can you tell me about John?
> 　　　a. *John, Mary kissed him.
> 　　　b. 　Nothing. But Bill, Mary kissed him.

(Rodman 1974: 440)

一方、Gundel（1974: 74-78）によれば、LD は、文頭の語句と後続節がそれぞれ話題と評言として機能する構文であり、先行談話に明示的・非明示的に存在する What about X? に対する応答として使用される。例えば、次の（4）に示す LD は、What about {this room/women/the new Kubrick movie}? という疑問文に対する応答として用いられる。

> (4)　a.　This room, it really depresses me.
> 　　　b.　Women, I'll never be able to figure them out.

c.　The new Kubrick movie, Bill said Marvin told him it was great.

(Gundel 1974: 66)

Rodman（1974）と Gundel（1974）による主張は、文頭の語句が話題として機能するという点では一致しているが、その話題が談話において新情報を表すのか旧情報を表すのかという点では相違がある。[4] この不一致は、次の Keenan and Scheffelin（1976）の主張を踏まえると解消される。

Keenan and Scheffelin（1976: 243-246）によれば、LD は、聞き手が同定可能な指示対象を聞き手の意識に前景化する機能を持ち、①新情報となる指示対象を導入する場合（(5) 参照）、②背景化された指示対象を再導入する場合（(6) 参照）、③前景化されている指示対象を強調する場合（(7) 参照）に使用される（下線は筆者による）。[5]

(5)　（Adolescents discussing how parents treat them.）

K:　Yeah// Yeah! No matter how old// you are.

L:　Yeah. Mh hm.

L:　Parents don't understand.　But all grownups w-they do it to kids. Whether they're your own or not.

(Keenan and Schieffelin 1976: 243)

(6)　K:　An' I got a red sweater, an' a white one, an' a blue one, an' yellow one, an' a couple other sweaters, you know. And uh my sister loves borrowing my sweaters because they're pullovers, you know, an' she c'n wear a blouse under 'em an' she thinks "Well this is great." (pause)

K:　An' so my red sweater, I haven't seen it since I got it.

(ibid.)

---

[4] Kantor（1976）によれば、LD における文頭の語句には、新情報を表すものと旧情報を表すものとがある。例えば、次の (a) における John は新情報を表しているが、(b) における gin は旧情報を表している。

(i)　a.　Who did what for Mary?

John, when he went to Boston, he took her out to dinner.

b.　How do you feel about gin?

Gin, whenever it's offered, I'll always drink it.

(Kantor 1976: 169)

[5] Keenan and Scheffelin（1976）には、用例中の記号類に関する説明が記されていない。同研究に使用された事例は、Harvey Sacks により収集され、Gail Jefferson により転写された Five Group of Therapy Sessions というデータベースから取られたものである。同データベースが使用された Jefferson（2004: 24-31）によれば、斜線2本（//）は聞き手の発話との重なりを表しており、ダッシュ（-）は語句の発話が中断されていることを表している。

(7)　(discussing younger siblings)

　　L:　Y'know some of 'em are damn tall and goodlooking they could pass for
　　　　(t)-nineteen.// A twelve year old guy comes over I say who's y-older
　　　　brother is he?　He's not he's in the A7.

　　R:　But they don't–

　　R:　But they don't have a brain to go with it hehhh.

　　L:　<u>These kids</u> I don't believe it they're six foot.

(ibid.: 245–246)

Rodman（1974）による（3b）と Gundel（1974）による（4）における LD は、どちらも
聞き手の意識に文頭の名詞句の指示対象を前景化する機能を担っており、（3b）における
LD は新情報となる指示対象を導入する場合であり、（4）における LD は前景化されてい
る指示対象を強調する場合であると考えられる。

　以上の 3 つの研究における主張は、Okuno（1992）により、次の（8）のようにまとめ
られている（下線は筆者による）。

(8)　LD has one basic function, which is to introduce a new topic into the conscious-
　　ness of the hearer.　<u>The new topic thus introduced must have some relation to
　　the preceding discourse.</u>　　　　　　　　　　　　　　　　　（Okuno 1992: 6）

要するに、LD は先行談話と何らかの関わりを持つ新しい話題を導入するという単一の機
能を持つということである。加えて、Okuno（1992: 6）によれば、（8）における下線部の
条件づけは、LD が談話開始時に使用できないという事実を説明する際に一定の役割を果
たす。それ以上の詳細は述べられていないが、煎じ詰めれば、LD の形式を取るからに
は、文頭の語句が先行文脈と関係づけられるはずであるが、談話の開始時には、肝心の先
行文脈が存在しないため、LD の使用は容認されないということである。したがって、
（8）のような単一の機能を仮定する限り、LD は先行文脈を伴わない環境に使用されない
と予測される。

2.2.　複数の機能を仮定する研究

　次に、複数の機能を仮定する立場を取る代表的な研究として、Prince（1997）を概観す
る。Prince（1997）は、（9）に挙げる 3 種類の機能により、LD の使用を説明している。
なお、Prince（1997）は、話し言葉だけではなく、書き言葉からの事例も取り上げている。

(9)　a.　Simplify Discourse Processing: Simplifying LDs

　　b.　Trigger a Poset Inference: Poset LDs

　　c.　Amnesty an Island-Violation: Resumptive Pronoun LDs

(Prince 1997)

　第一に、Simplifying LDs とは、新しい情報を談話に導入する際に、旧情報を表す語句の生起が好まれる位置を避け、文頭の位置を使用することにより、談話処理上の負荷を軽減するという機能である。次の（10）では、新情報を表す the landlady を談話に導入する際に、新情報の生起が好まれない主語位置を避け、敢えて、統語的にさらに上位の位置が使用されている。[6]

(10)　My sister got stabbed.　She died.　Two of my sisters were living together on 18th street.　They had gone to bed, and this man, their girlfriend's husband, came in.　He started fussing with my sister and she started to scream.　The landlady, she went up, and he laid her out. So sister went to get a wash cloth to put on her ...　(*Welcomat*, 12/2/81, p. 15)　　　　　　(ibid.: 122)

Prince（1997）は、主語位置の他に、新情報の導入が好まれない位置として、所有格の位置を挙げている。一方、目的語の位置は、新情報を表す語句が生起しても、談話処理上の負荷がかからないと述べている。なお、Simplifying LDs は、進行中の談話に新しい情報を導入する機能であるという点に注意されたい。

　第二に、Poset LDs とは、文頭に生起した語句が、先行談話から想起された事柄と半順序集合（partially ordered set）の関係を結ぶことを聞き手に推測させる機能である。次の（11）では、LD の形式を取ることにより、文頭の語句 one と another が three groups of mice と半順序集合の関係にあることを読み手に推測させている。

(11)　She had an idea for a project.　She's going to use three groups of mice.　One, she'll feed them mouse chow, just the regular stuff they make for mice.　Another, she'll feed them veggies.　And the third she'll feed junk food.　(SH, 11/7/81)　　　　　　(ibid.: 125)

Prince（1997）が援用している「半順序集合」という概念は、Hirschberg（1985）により、言語形式と尺度含意の関係を捉えるために使用された集合論の概念である。簡潔に定義するならば「要素間に包含関係が成立する集合」である。[7] その具体例として、is-a-part-of

---

　[6]　仮に LD における文頭の語句が話題を表すのであれば、As for テストや Speaking of テストといった文の話題を判別するためのテストに通過するはずである。しかし、（10）における the landlady は、{as for/speaking of} the landlady にすると容認性が低下するため、話題を表していない可能性が高い（Prince 1998: 284 参照）。したがって、2.1. 節で概観した話題という概念を使用した主張には、（10）のような例の存在が問題となる。
　[7]　Prince（1997: 126）および Prince（1998: 289）では、より正確な定義が述べられている。それによれば、半順序集合とは、集合 e に元 e-1、e-2、e-3 が内包されるとき、それらの間に、反射的（reflexive）、非対称的（antisymmetric）、かつ推移的（transitive）な関係が成立する場合の集合であ

の関係（例：楽曲と CD アルバムの関係）や is-a-subtype-of の関係（例：シャム猫とネコ
の関係）などが挙げられる。したがって、「半順序集合の関係にあることを読み手に推測
させる」とは、(11) を例に取れば、one と another が three groups of mice と is-a-part-of
という関係にあることを読み手に推測させるということである。

　第三に、Resumptive Pronoun LDs とは、話題化（topicalization）が文法的に不可能な
位置から抜き出しを行う際に、その位置に代名詞を置き形式的に LD にすることで、抜き
出しを可能にするという機能である。次の (12b) のように、間接疑問節から my copy of
Anttila を話題化することは文法的に不可であるが、(12a) のように元の位置に it を置け
ば可能になる。

(12)　a.　GC: You bought Anttila?

　　　　　EP: No, this is Alice Freed's copy.

　　　　　GC: My copy of Anttila I don't know who has [it].

　　　b.*?My copy of Anttila I don't know who has [e].

(ibid.: 134)

Prince (1997) は、(12a) の LD が Poset LDs として認められる可能性を示唆しながら
も、Resumptive Pronoun LDs という別の機能を提案している。[8] その理由として、抜き
出しが島制約に違反する場合に、空所の位置に代名詞を置くことにより、その違反を免れ
るという統語的な現象の存在が挙げられている。つまり、(12a) における LD の使用に
は、話題化を使用したいが、統語的な制約から LD の形式を取らざるをえないという、
Poset LDs とは別の動機づけが働いているため、独立した機能として規定するということ
である。

　以上のように、Prince (1997) は、場面ごとの使用動機に基づき、複数個の機能を設定
している。仮に上述の 3 種類の機能を LD が持つ機能の網羅的なリストであるとするな
らば、LD は先行文脈を伴わない環境に使用されないと予測される。

2.3.　まとめ

　本節では、SLD を対象に行われた LD の機能に関する研究を概観した。単一の機能を
仮定する立場と複数の機能を仮定する立場のどちらの主張に基づいても、LD は先行文脈

り、または、非反射的（irreflexive）、対称的（asymmetric）、かつ推移的（transitive）な関係が成立
する場合の集合である。

　[8] (12a) の my copy of Anttila が先行発話から想定される copies of Anttila という集合と半順序
集合の関係を結ぶためと考えられる。

を伴わない環境に使用されないという予測が導かれることが分かる。SLD を基に提案された機能が、LD 全般に適用可能なものであるとするならば、MLD に対しても、同様の予測が立てられることになる。次節では、MLD の使用場面を記述し、上述の機能によって、各場面に使用される理由を捉えられるかどうかを考察する。

3.　MLD の使用場面

　一般に、LD は、話し言葉に散見され、書き言葉には、ほとんどみられないとされている（Biber et al. 1999: 957 参照）。しかし、MLD は、新聞や雑誌の記事といった、むしろ書き言葉に広く使用される。Keenan（1974）における「無計画な談話（unplanned discourse）」と「計画的な談話（planned discourse）」の分類に従うと、MLD は後者に特徴的な構文である。[9] 本節では、特定の新聞および雑誌から収集した事例を分類し、MLD は、少なくとも、①例示の場面、②総括の場面、③冒頭の場面に使用されることを指摘する。[10] 加えて、①と②の場面における MLD には、前節で概観した LD の機能を適用可能であるが、③冒頭場面における MLD には適用できないことを示す。

　第一に、次の（13）に示すように、文頭の語句が先行談話中に提示された語句の具体例となる場合がある。(13) は、航空宇宙産業に携わる米国企業 TRW 社が NASA（米航空宇宙局）からの要請で開発した観測機に関する記事の一部である（下線は筆者による）。

(13)　Since radio astronomy began, only a few decades ago, some brand new words have been added to the dictionary.　Pulsar, quasar, black hole ... these are only the most talked about objects and there are more questions about them than answers.　(Unknown Author. "Conversation Pieces: Probing the High Energy Universe." *New Scientist*, 4 Dec. 1975, p. 565)

---

[9] 次の (i) に、Keenan（1974）による「無計画な談話」と「計画的な談話」の定義を示す。

(i)　a.　Unplanned discourse is discourse that lacks forethought and organizational preparation.
　　b.　Planned discourse is discourse that has been thought out and organized (designed) prior to its expression.

(Keenan 1974: 6)

両者の相違は、発話に先立ち、その内容・語彙・構造などが練られているかどうかにある。なお、無計画な書き言葉や計画的な話し言葉も想定されるため、書き言葉と話し言葉の分類を言い換えたものではない。

[10] The Daily Yomiuri、The Japan News、The New York Times、National Geographic、New Scientist などに掲載された記事から、MLD の事例を 124 例収集した。特定の用法のみを収集していた時期があるため、各用法の頻度は明記しないが、半数以上は冒頭場面に使用された事例である。

(13) における pulsar, quasar, black hole は、先行文脈に提示された some brand new words の具体例と考えられる。したがって、pulsar 等は、先行文脈中の語句に関連付けられた新しい話題といえる。また、個々の語句と some brand new words には is-a-member-of の関係が成立するため、(13) の MLD は Poset LDs の一種であると考えられる。

　第二に、次の (14) に示すように、先行文脈に展開された内容を要約的に繰り返す場面に、MLD が使用されることがある。(14) は、作家 James Purdy の著作 Gertrude of Stony Island Avenue の紹介記事の一部である（下線は筆者による）。

> (14)　　Always uneasy with Gertrude's flamboyant carnality, the specifics of which she never wished to know, Carrie now finds herself reflecting that her daughter at least lived, while she has not lived at all.　(Carrie, by the way, was also the name of a libidinous Windy City painter in Purdy's 1964 novel, "Cabot Wright Begins.")　Fearing that she failed her daughter and chagrined that they never loved each other—"though this," she says, "was the one thing both of us wanted"—Carrie becomes obsessed with learning as much as she can about Gertrude's life, which was mostly a mystery to her.　Over the objections of her husband, Vic, and despite her own delicate constitution (she is constantly taking smelling salts), Carrie determines that she has found her "life's purpose in dead vanished Gertrude."
>
> 　　Love, death, family, emotional estrangement—these are among Purdy's major themes, and few writers have written less sentimentally about any of them.　(Bruce Bawer. "The Sensuous Woman." *The New York Times*, 30 Aug. 1998)

文頭に列挙された love、death、family、emotional estrangement は、前段落で述べられた、Carrie と家族との関係およびそこに伴う感情経験を要約的に表した語句である。したがって、(14) の MLD における文頭の語句は、先行談話に関連付けられた新しい話題といえる。また、個々の語句は、先行談話における特定の語句との包含関係を推測させるものではないため、厳密には Poset LDs の一種と見なすことはできないが、先行文脈との関係性を喚起させるという点では、Poset LDs の機能に近いと考えられる。

　第三に、上述の (2) に示したように、MLD は記事談話の冒頭場面に使用される場合がある。(2) の事例では、直前に記事の見出しがあるため、文頭の語句は見出しの内容と関係づけられた新しい話題と見なせる可能性がある。しかし、見出しに目を通さなかった場合に、一文目の MLD が容認不可になるわけではない。したがって、(2) におけるような MLD の機能を、単に先行文脈に関係する新しい話題の提示として済ませることはできない。また、文頭の語句が新情報の導入になっているという点を踏まえると、Simplifying

LDs の一種と見なせる可能性がある。しかし、Simplifying LDs は、上述の通り、進行中の談話に新情報を導入する際に、新情報の導入が好まれない位置を避け、文頭の位置を使用するという機能である。したがって、直前に進行中の談話を伴わない (2) を Simplifying LDs として見なすことはできない。さらに、次の (15) に至っては、後続節内に文頭の語句を同一指示する代名詞類が使用されていないため、特定の位置の代わりに文頭の位置を使用したとは考えられない。(15) は、寝不足の副作用に関する記事の冒頭一文目である。

(15)　Dark puffy eyes, a feeling of deep exhaustion, and a foul mood to match—all of us have experienced the side effects of a lack of sleep. But exactly why sleep is so important for our well-being remains a mystery. (Jessica Hamzelou. "No neutral gear for the sleep-deprived." *New Scientist*, 3 Oct. 2015, p. 14)

(15) のように、代名詞類の使用は義務的ではないという点も考慮すると、なおさら、冒頭における MLD を Simplifying LDs の機能により捉えることは困難である。

　以上、本節では、MLD が ①例示の場面、②総括の場面、③冒頭の場面に使用されることを指摘し、なかでも、③冒頭の場面における使用は、前節で概観した LD の機能からは予測できないことを述べた。仮に MLD を LD の一種として位置づける場合、単一の機能を仮定する立場を取るならば、SLD と MLD の両方を包括的に捉えられるように LD の機能を修正する必要がある。しかし、MLD が冒頭に使用されるという事実は、SLD が冒頭に使用されないという事実と相反するため、そのような修正は困難である。一方で、複数の機能を仮定する立場を取るならば、MLD の場合にのみ、冒頭場面に使用されるという機能を仮定すれば事実には合う。しかし、文頭における語句の個数の増減が機能の相違に影響する理由を示すことは困難であり、単なる偶然として扱われる可能性がある。そこで、本研究は、近年 Iwasaki (2015: 165–172) により提案された「文法は、各言語において唯一的なものではなく、ジャンルに応じて異なる複数の下位文法の集合体である」という視点を踏まえ、MLD を書き言葉および計画的な談話という特定のジャンルに特有の修辞的技巧として位置づけることにする。それにより、SLD と MLD で使用場面および機能が異なるという事実は、ジャンルに応じて文法が異なるためと説明される。次節では、MLD が特徴的に使用される記事談話の性質を概観する。

4.　記事談話の性質

　本研究における「記事談話」(新聞・雑誌の記事本文) は、書き言葉および計画的な談話の下位ジャンルとして位置づけられる。しかし、同様のジャンルに位置づけられる法律文

章や学術文章といった媒体とは異なり、記事談話では、書き出しから、読み手にサスペンスの状態を発生させる文体がたびたび使用される。

　具体例を示す前に「サスペンス」という用語の定義を確認する。「サスペンス」とは、小説や映画などに使用される修辞的技巧の一つであり、佐藤・佐々木・松尾（2006: 409）では「当の文において最も肝要な言葉の発語を遅らせ、末尾に置くことによって、聞き手の期待を高め、発語されたときの驚きや強い感銘の効果を狙うあや」と定義されている。言語研究においても、ある言語現象の使用に関して「サスペンスに引き込む働きがある」と指摘される場合があるが、サスペンスの発生と解消が一文の中で行われるとは限らないため、上述の定義を厳密に適用することはできない。そのため、本研究では、便宜上の操作的定義として「ある表現の意味解釈が保留された場合に、読み手／聞き手に生じる心理状態」と仮定する。[11] 以下では、サスペンスの発生を説明するために、MLD 以外の記事談話冒頭に使用された事例を取り上げる。

　記事談話冒頭において、読み手をサスペンスの状態に引き込む方策には、少なくとも 2 種類がある。第一の方策は、先行詞を伴わない代名詞類により記事談話を開始することである（(16) 参照；下線は筆者による）。

　(16)　It represents London as much as the red double-decker bus does, or Big Ben's clock tower, but the traditional black cab is to come under further threat from over-seas raiders.　（Robert Lea and Sandy Chapman. "Nissan vans to give London's iconic black cabs a run for their money." *The Daily Yomiuri*, 12 Aug. 2012, p. 9)

(16) における it の指示対象は、後方の but 節の主語位置（the traditional black cab）に提示される。読み手は it の解釈を一旦保留にし、以降の内容を読み進めることになり、その間、サスペンスの状態に置かれることになる。仮に The traditional black cab ... it ... という語順を取るならば、サスペンスを生じさせる働きは消失する。

　第二の方策は、読み手の百科事典的知識からは指示対象を同定できないと想定される情報を述べることにより、記事談話を開始することである（(17) 参照；下線は筆者による）。

---

[11] Uchida (1998) は、Sperber and Wilson (1986/1995) により提唱された関連性理論の枠組みに基づき、サスペンスという心理状態に関して、次の (i) のように述べている。
　　(i)　the readers are left in a state of 'suspense' throughout the time in which they cannot identi-fy or specify the 'deviant' relationships in the text.　（Uchida 1998: 164）
(i) によれば、サスペンスとは、テクスト中に描写された関係性を同定したり特定したりできないときに、読み手が置かれる心理状態ということである。関連性理論では、一般に「修辞的」と呼ばれる現象が通常の言語表現として分析される。本研究では、関連性理論と同様の立場を取るわけではないため、(i) の定義は採用しない。

(17)　There's a killer inside every mouse.　Researchers have found <u>the brain region</u>
<u>that controls hunting</u>, and have triggered it using lasers.　(Unknown Author.
"Laser activates killer instinct in mice." *New Scientist*, 21 Jan. 2017, p. 19)

(17) の一文目では「全てのネズミの中には殺し屋がいる」と述べられている。多くの読み手にとって「ネズミの中に殺し屋がいる」という情報は、百科事典的知識に組み込まれていないものである。そのため、それが一体何であるのかの解釈は一時保留されることになり、その間、読み手はサスペンスの状態に置かれる。サスペンスの状態は、二文目でそれが実は「ネズミの狩猟本能を司る脳の部位」であることが明かされることにより解消される。

　比較対象として、次の (18) に、読み手をサスペンスの状態に引き込む働きを持たない事例を挙げる（下線は筆者による）。

(18)　<u>Stephen Hawking</u> says that the human species has 100 years to populate another
planet to ensure its survival.　His claim, on BBC science TV show *Tomor-*
row's World, has sparked controversy.　(Dirk Schulze-Makuch. "Time to start
packing." *New Scientist*, 20 May 2017, p. 22)

(18) の場合、主語位置の Stephen Hawking は、記事談話に新規に導入された名詞句であるが、少なくとも New Scientist という雑誌の読者層では、誰もが知っている人物であるため、想定される読み手にとって、その指示対象の理解は容易である。したがって、(18) には、読み手にサスペンスの状態を発生させる素地はない。

　上述の (16) と (17) のような事例を踏まえると、記事談話という環境には、書き出しから、読み手にサスペンスの状態を発生させる文体がたびたび使用されるという性質があることが分かる。[12] 次節では、記事談話冒頭という環境で MLD がどのような修辞的効果を持つのかを構文としての機能的特徴から考察する。

5.　MLD の機能的特徴と記事談話冒頭における修辞的効果

　本節では、MLD を構成する特徴的な部分として、①文頭における語句の列挙、②文頭の列挙に対する後続節の働き、③コンマよりも長い区切りを表す句読点の使用という 3 点を取り上げ、各部分の機能が組み合わさることにより生じる MLD 固有の機能的特徴を

---

[12] より綿密な考察を進めるには、記事談話に限らず、冒頭という環境において、読み手と聞き手の認知状態がどのような経緯をたどるのかに関するモデルを提示し、その中で MLD がどのような働きをするのかを分析する必要がある。

明らかにする。さらに、記事談話冒頭という環境に使用されることにより発生する修辞的効果を考察する。

5.1.　文頭における語句の列挙

　MLD に見られる顕著な特徴は文頭における語句の列挙である。Fahnestock（2011: 241）によれば、語句の列挙は、読み手に何らかの範疇を想起させる働きを持つ。例えば、Do you want a hot dog, a ham sandwich, a slice of pizza, a hamburger, or a turkey wrap? という文における目的語位置の列挙は、米国における大部分の読み手に「昼食に食べるもの」という範疇名を想起させる。このような指摘を踏まえると、MLD における語句の列挙にも同様に、それらが何の列挙であるのかを読み手に想起させる機能があると考えられる。[13] 先行文脈を伴わない冒頭では、列挙された語句の共通属性などから、意図された範疇名を推測することになる。そのため、書き手により意図された範疇名が何であるのかに関して、様々な可能性が想定される。例えば、上記（2）の場合、「痙攣・震え・発狂・方向感覚の喪失・幻覚・恐れ・憂鬱・躁鬱・精神衰弱」という列挙からは「精神障害の症状」や「脳機能障害による症状」などの範疇名が想起される。また、（15）における「浮腫んだ目・疲労感・不機嫌」からは「睡眠不足の症状」や「失恋後の症状」や「花粉症の症状」などが想起される。どちらの場合も、文頭の列挙を読み込んだ時点では、書き手がどの範疇名を意図しているのかは不明であるため、読み手は文頭の語句の解釈を保留にするか、または、仮の解釈のまま、後続節を読み進めることになる。このように、記事談話冒頭という環境では、列挙から想起される範疇名の可能性が広がるため、文頭の列挙は読み手にサスペンスの状態を発生させる働きを持つと考えられる。

5.2.　文頭の列挙に対する後続節の働き

　第二の特徴は、文頭の列挙に対する後続節の働きである。列挙後の後続節には、文頭における語句の列挙により、書き手が意図していた範疇名が明示される。範疇名が判明した時点で、列挙から発生したサスペンスは解消され、以降の内容に関心を引きつける効果が生まれる。例えば、上述の（2）の場合、後続節まで読み進めると、文頭の列挙が「瞑想の副作用」を意図したものであることが明かされる。この範疇名を文頭の列挙だけから推測することは困難であるため、読み手の予測から飛躍した範疇名が明かされたことになる。それにより、読み手の関心を二文目以降の内容に引き付けるという効果が得られる。また、（15）の場合には、文頭の語句が「睡眠不足の症状」のリストであることが明かされ

---

　[13] 言い換えれば、文頭に列挙された語句の意味解釈には、個々の語句の指示対象の理解に加え、範疇化（categorization）という認知過程を利用した推論操作が働くということである。範疇化に関しては、Rosch（1978）および Barsalou（1983）などを参照されたい。

る。(2) に比べると（15）の列挙は分かりやすく、読み手によっては、文頭における列挙の時点でも「睡眠不足の症状」という範疇名を推測可能かもしれない。[14] 読み手の納得のゆく範疇名を明かすことによっても、以降の内容に関心を引き付ける効果があると思われる。

5.3.　句読点の多様性とポーズの有無

　第三の特徴は、文頭の語句と後続節の間に、コンマよりも長い区切りを表す句読点が使用されるという点である。一般に SLD を文字表記する場合には、文頭の語句と後続節との間にコンマが使用される。Huddleston and Pullum（2002: 1745）によれば、LD におけるコンマの使用は義務的である。一見すると、このコンマは、音韻的なポーズを表しているように思えるかもしれない。しかし、Lambrecht（2001: 1050）によると、LD におけるコンマの使用は、正書法上の慣習に過ぎず、音韻的なポーズを表すわけではないという。それに対して、MLD に使用される句読点はコンマに限定されていない。上述の（2）などでは、ダッシュが使用されており、（13）では、三点リーダが使用されている。その他にも、コロン、セミコロン、ピリオドが使用される場合がある（(19)(20)(21) 参照）。

(19)　Beachfront dining, fresh lobster, and a European clientele: Somalia's restaurant scene is quickly changing for the better.　(Unknown Author. "Visitors To 'Failed State' Somalia Can Now Eat Lobster At This Luxury Beachfront Restaurant." *The Daily Yomiuri*, 9 June 2012, p. 12)

(20)　The stamp of jackboots, raps on the door, marches and uniforms; these are what we associate with the emergence of an authoritarian state.　(Unknown Author. "Protest? Yes, we can: We mustn't let a superpower turn its back on rationality." *New Scientist*, 21 Jan. 2017, p. 5)

(21)　Bank fraud, virus attacks, hacked email accounts.　There were 5.8 million cybercrime incidents in England and Wales last year, affecting about one in 10 people, says the UK's Office for National Statistics.　(Unknown Author. "One Per Cent: Cybercrime on the rise." *New Scientist*, 30 July 2016, p. 24)

---

　[14]（15）の場合、いくつかの範疇名を推測した読み手には、サスペンスの状態が発生すると考えられるが、「睡眠不足の症状」という範疇名を唯一的に推測できた読み手には、サスペンスの状態が発生していない可能性がある。後者の場合、文頭の列挙は、読み手に「謎かけ (riddle)」をする働きを持つと考えられるかもしれない。今後の研究の方向性として、サスペンスを冒頭場面における MLD に基本的な働きとして認めた上で、その他の場面における MLD にも共通する働きとして「謎かけ」を仮定するといった、二段構えの分析が考えられる。謎かけに関しては、Dienhart（1998）などを参照されたい。

文頭の語句の個数が増えると、コンマよりも大きい区切りを表す句読点の使用が許されるという事実は、単なる正書法上の慣習として片付けることはできない。文頭の列挙の直後に、それらが何を列挙したものなのかを考えさせるための思考のポーズが置かれているとすれば、ダッシュやピリオドなどのコンマよりも大きい区切りを表す句読点が使用されるという事実を捉えることが可能になる。[15] 記事談話冒頭という環境では、思考ためのポーズが置かれることにより、読み手は一瞬ながらもサスペンスの状態に据え置かれることになる。[16]

5.4.　まとめ

　以上の分析をまとめると、MLD は（22）のような機能的特徴を持つため、記事談話冒頭に効果的に使用され、(23) のような修辞的効果を果たす。[17]

(22)　**MLD の機能的特徴：**
　　　文頭の列挙は、読み手に何らかの範疇名を想起させる働きがある。直後に思考のためのポーズが置かれ、後続節に書き手が意図した範疇名が明かされる。

(23)　**記事談話冒頭における MLD の修辞的効果：**
　　　記事談話冒頭では、文頭の列挙により書き手が意図した範疇名が何であるかに関して、様々な可能性が想定されるため、読み手にサスペンスの状態が発生する。直後に思考のためのポーズが置かれることにより、読み手は一瞬ながらもサスペンスの状態に据え置かれる。サスペンスの状態は、後続節において範疇名が明かされることにより解消され、以降の内容に関心が引きつけられるという修辞的効果が生じる。

---

[15] この点に関しては、さらなる考察が必要である。SLD と MLD の音声データを音声分析ソフトで解析し、実際のポーズの有無や長さを比較するなどの方法が考えられる。

[16] 思考のためのポーズは、サスペンス状態の維持だけではなく、後続節まで読み進めれば、それが解消されることの告知として働いている可能性がある。

[17] 次の（i）のような事例を SLD として扱うならば、少なくとも書き言葉においては、SLD も記事談話冒頭で使用可能ということになる。(i) は、乳幼児の指紋採取技術に関する記事の冒頭一文目である。

　(i)　Just 6 hours old. That's the age of one participant in a recent study looking at ways to take the fingerprints of infants. (Aviva Rutkins. "Baby biometrics." *New Scientist*, 18 June 2016, p. 22)

(i) では、「わずか生後 6 時間」という名詞句により記事本文が開始され、直後に、それが「乳幼児の指紋を採取する方法を探るための調査における被験者の年齢」であることが明かされている。一個の名詞句が脈絡もなく提示されれば、読み手はそれが何を伝えたいものなのかを思考することになり、その解釈が保留されたまま、後続節を読み進めることになる。つまり、(i) のような事例は、本研究で取り扱った MLD に類する修辞的効果を持つ可能性がある。

なお、例示と総括の場合の MLD も、基本的には（22）と同じ機能的特徴を持つと考えられる。しかし、冒頭場面とは異なり、それらの場面では、先行文脈の情報も範疇化の手掛かりの一つとして活用できるため、列挙から想起される範疇名は唯一的に決まる。例えば、（13）の場合、文頭の Pulsar 等は、前文の「（電波天文学の発展に伴い、辞書に追加された）新しい用語」の具体例であるため、「新たに発見された天体」という範疇名を想起させる。（14）の場合、文頭の love 等は、前段落に提示された内容の総括であるため、「紹介された小説のテーマ」という範疇名を想起させる。したがって、例示と総括の場合、文頭の列挙にサスペンスの状態を発生させる働きはないと考えられる。

　また、読み手の予測から少し飛躍した範疇名が後続節に明かされるという点で、3 種類の使用場面における MLD は共通している。しかし、例示と総括の場合、その飛躍は先行文脈の情報により埋め合わせされる。例えば、上記（13）と（14）の後続節には、それぞれ「（近年）最も議論された対象」と「Purdy の著作に見られるテーマ」という予測から飛躍した範疇名が明示される。先行文脈の情報を踏まえれば、どちらの範疇名も自然に納得のゆくものとして読み手に受け入れられる。例示と総括の場合、読み手に納得のゆく範疇名が明かされることにより、以降の内容に関心を抱かせる効果が得られると考えられる。

6.　おわりに

　MLD は記事談話冒頭に使用できる。この事実は SLD を対象に提案された LD 機能的分析から導かれる予測に反している。本研究は、MLD を書き言葉および計画的な談話に特有の修辞的技巧として位置づけた上で、記事談話冒頭に使用される理由を考察した。MLD には、文頭に複数個の語句を列挙することにより、読み手に何らかの範疇名を考えさせた上で、後続節に書き手が意図した範疇名が明かされるという機能的特徴がある。先行文脈を伴わない環境に使用されると、文頭の列挙と後続節における意図の明示がそれぞれ、サスペンスの発生と解消の働きを担う。それにより、読み手の関心が以降の内容に引き付けられるという修辞的効果が発生する。そのため、サスペンスを発生させる文体がたびたび使用される記事談話冒頭に効果的に使用されるのである。今後の展望としては、いくつかの箇所で言及したことに加え、「話し言葉／書き言葉」および「無計画な発話／計画的な発話」といったジャンル上の分類をさらに明確にすることにより MLD の機能を分析することなどが考えられる。

参照文献

Bally, C. 1909. *Traité de Stylistique Française*. Paris: Librairie C. Klincksieck.

Barsalou, L. W. 1983. "Ad Hoc Categories." *Memory & Cognition* 11(3), 211–227.

Biber, D., S. Johansson, G. Leech, S. Conrad and E. Finegan. 1999. *Longman Grammar of Spoken and Written English*. Harlow: Pearson Education Limited.

Dienhart, J. M. 1998. "A Linguistic Look at Riddles." *Journal of Pragmatics* 31(1), 95–125.

Fahnestock, J. 2011. *Rhetorical Style: The Uses of Language in Persuasion*. Oxford: Oxford University Press.

Gundel, J. M. 1974. *The Role of Topic and Comment in Linguistic Theory*. Doctoral dissertation, The University of Texas at Austin.

Hankamer, J. 1974. "On the Non-Cyclic Nature of WH-Clefting." *CLS* 10, 221–233.

Hirschberg, J. B. 1985. *A Theory of Scalar Implicature*. Doctoral dissertation. University of Pennsylvania.

Huddleston, R. D. and G. K. Pullum. 2002. *The Cambridge Grammar of the English Language*. Cambridge: Cambridge University Press.

Iwasaki, S. 2015. "A Multiple-Grammar Model of Speakers' Linguistic Knowledge." *Cognitive Linguistics* 26(2), 161–200.

Jefferson, G. 2004. "Glossary of Transcript Symbols with an Introduction." In G. H. Lerner (ed.) *Conversation Analysis: Studies from the First Generation*, 13–23. Amsterdam: John Benjamins.

Kantor, R. N. 1976. "Discourse Phenomena and Linguistic Theory." In A.M. Zwicky (ed.) *Working Papers in Linguistics* 21, 161–188. Ohio State University.

Keenan, E. O. and B. Schieffelin. 1976. "Foregrounding Referents: A Reconsideration of Left Dislocation in Discourse." *BLS* 2, 240–257.

Lambrecht, K. 2001. "Dislocation." In M. Haspelmath, E. König, W. Oesterreicher and W. Raible (eds.) *Language Typology and Language Universals 2*, 1050–1078. Berlin and New York: Walter de Gruyter.

Mäzner, E. 1864. *Englishe Grammatik* (Zweiter Theil: Die Lehre von der Wort- und Satzfügung. Erste Hälfte). Berlin: Weidmannsche Buchhandlung.

Okuno, T. 1992. "Topicalization and Left Dislocation." *Bulletin of the Faculty of Education, Hirosaki University* 68, 1–8.

Poutsma, H. 1904. *A Grammar of Late Modern English* (Part I The Sentence). Groningen: Noordhoff.

Prince, E. F. 1997. "On the Functions of Left-Dislocation in English Discourse." In A. Kamio (ed.) *Directions in Functional Linguistics*, 117–143. Amsterdam: John Benjamins.

Prince, E. F. 1998. "On the Limits of Syntax, with Reference to Left-Dislocation and Topicalization." In P. W. Culicover and L. McNally (eds.) *Syntax and Semantics 29: The Limits of Syntax*, 281–302. New York: Academic Press.

Rodman, R. 1974. "On Left Dislocation." *Papers in Linguistics* 7, 437–466.

Rosch, E. 1978. "Principles of Categorization." In E. Rosch and B. B. Lloyd (eds.) *Cognition and Categorization*, 27–48. Hillsdale: Erlbaum.

Ross, J. R. 1967. *Constraints on Variables in Syntax*. Doctoral dissertation. Massachusetts Institute of Technology.

佐藤信夫・佐々木健一・松尾大. 2006.『レトリック事典』東京：大修館書店.

Sperber, D. and D. Wilson. 1986/1995^2. *Relevance: Communication and Cognition.* Oxford: Blackwell.

Uchida, S. 1998. "Text and Relevance." In R. Carston and S. Uchida (eds.) *Relevance Theory: Applications and Implications*, 161–178. Amsterdam: John Benjamins.

『語用論研究』第 19 号(2017 年) pp. 40-53
© 2017 年　日本語用論学会

[Special Contribution]

Acquiring Kilivila Pragmatics—the Role of the Children's (Play-)Groups in the first 7 Years of their Lives on the Trobriand Islands in Papua New Guinea

Gunter Senft

Max Planck Institute for Psycholinguistics

Trobriand children are breastfed until they can walk; then they are abruptly weaned and the parents dramatically reduce the pervasive loving care that their children experienced before. The children have to find a place within the children's groups in their villages. They learn to behave according to their community's rules and regulations which find their expression in forms of verbal and non-verbal behavior. They acquire their culture specific pragmatics under the control of older members of their groups. The children's "small republic" is the primary institution of verbal and cultural socialization. Attempts of parental education are confined to a minimum.

Keywords: Trobriand Islanders, Papua New Guinea, acquisition of pragmatics, children's socialization, (play-)groups, *biga sopa*

1. Introduction [1]

This paper provides a survey of how children on the Trobriand Islands acquire the pragmatic rules and regulations that are constitutive for their culture-specific forms of verbal and non-verbal interaction. The article is based on observations and other data collected in interviews and during the general documentation projects of thc Trobriand Islanders' language and culture conducted in 16 longer and shorter fieldtrips between the years 1982 and 2012. The Trobriand Islands are located within the Milne Bay Province of Papua New Guinea. The Trobrianders belong to the ethnical group "Northern Massim", they are a matrilineal society with patrilocal residence. Their language Kilivila is a Western Melanesian Oceanic language belonging to the Papuan Tip Cluster (Senft 1986).

After a brief description of the first 18 to 20 months in the life of new-born children which end with the traumatic experience of abruptly weaning as soon as the child

---

[1] I express my great gratitude to the people of the Trobriand Islands, and above all my hosts, the inhabitants of Tauwema village on Kaile'una Island, and all my consultants for their friendship and patient cooperation. Without their help, none of my work on the Kilivila language and the Trobriand culture would have been possible.

can walk, I report on how the children find their place and position within the children's (play-)groups of their village. I elaborate on how the children in these groups gradually take over specific roles and internalize them; in these groups they also learn that they have to obey certain norms — norms which affect, for example, the understanding of gender roles and sex differences. These norms are implicit rules that govern social life and interaction within their community.

Between the age of about one and a half years or so and seven years the children also learn to control their emotions in order to behave according to the rules that are valid for the Trobrianders' community. During this time of their life they acquire a relatively strict form of self-discipline, which is necessary to keep the balance between the individuals within their open and very public society.

This implies that they also have to learn to laugh about themselves, even in situations when they feel deeply insulted. During this acquisition process the pragmatic concept of the "*biga sopa*" — the joking language, the language which is not vouched for (see Senft 2010: 149ff) — plays the most important role for the overall socialization process on the Trobriands. By gradually acquiring the basic concepts and the rules and norms of language use that is manifest in the *biga sopa* concept, children realize more and more that they can behave properly and adequately with respect to all situations they experience not only in their everyday life, but also in the ritualized forms of life within their community. This provides them with an important emotional security and with a general aplomb.

The practicing of the forms of verbal and non-verbal behavior that conform to the Trobrianders' social norms takes place while playing with other children; it is controlled by older members of these children's groups. Thus, it is the children's "small republic" (Malinowski 1929: 44f.) which provides the most important framework for their socialization into their culture. The attempts of parental education are also indispensable in this socialization process, however they are confined to a minimum.

2.   The first months in a child's lifetime until it is weaned

During the first 13 to 20 months of their life, children receive the utmost loving care and attention imaginable — not only from their parents, but also from all their relatives. The few weeks-old sucklings spend most of the day on their mothers' lap or in their arms. As soon as the child starts to whimper, its mother gives the baby the breast and nurses it. The fathers tenderly deal with their babies very often, too; they cradle them in their arms, play with them and sing songs for them. As soon as the babies can hold their head by themselves, they are carried around by their elder siblings, cousins and other children of the neighborhood.

Both adults and older children are very much interested in the baby's learning to talk. After having established eye-contact, the Trobriand Islanders interact with their babies using elements of "baby talk" like rhythmical elements of talking, imitations of the baby's vocalizations, raising the pitch, grimacing with the mouth, smiling, laughing and producing the so-called "greeting face" by raising the eyebrows and opening the mouth. These forms of interactional behavior have strong bonding functions (see Eibl-Eibesfeldt 1989: 207; 234). However, despite the many contacts with other adults and children, a Trobriand infant is not brought up collectively. The mother is the most important and significant person for the child and its development.

When the toddlers can walk, they are abruptly weaned and the parents — especially the mothers — dramatically reduce the amount of pervasive care and attention that their children experienced before this traumatic moment in their lives. For the children the time of weaning is characterized by all kinds of bitter; grievous frustrations. Up till this point of their lives, by their faintest whimper children were comforted by their mothers' offering them their breasts, but now — at a moment's notice — all access to this source of consolation and comfort is denied to them. Weaned children often cry out their pain, their frustration and their fury for days without being comforted whatsoever. To compensate for this deficit in their experience of intimate social bonding, the children have to find a place within the children's groups — usually the one of the village sector in which their family lives. For the next five years the children's (play-)group will be the social institution that is primarily responsible for their socialization process. The group will become "their own little community" (Malinowski 1927: 45).

3. The children's socialization into the Trobriand community

Children with older siblings relatively easily find access to and are soon accepted as members of such a children's group, if their elder brothers or sisters are already established group-members. They do not always participate in the games played by the older children, but they find a new emotional foothold in this group, and with increasing age they also get recognized as a group member by the older children. The groups have a heterogeneous age structure. We can differentiate between young children that seek access to the groups, children whose position within the group is established as a fully-fledged group member and older group leaders. Mary Martini (2009: 158f.) made similar observations with respect to Marquesan children and their playgroups. She observed that the Polynesian children

> … occupy one of four roles or positions in this group …
> 1.   the peripheral toddler position …
> 2.   the initiate member position …
> 3.   the quiet leader position …
> 4.   the noisy leader position …
> *Peripheral toddlers* … join the group at about two years of age … under the wing of a three- or four-year old sibling … *Initiate members*: children remain peripheral to the group until they can keep up with the play … Children move

on to leadership roles when (a) they master emotional self-control …; (b) the oldest children in the group leave to attend school, creating a need and openings for leaders; and (c) their own toddler siblings join the group. Children become either "quiet" or "noisy" leaders, dependent on their personalities …

Martini (2009: 165) summarizes these four roles and the relationship and interaction between the children occupying them as follows:

Noisy leaders introduce activities, direct group play, and keep players on track. Quiet leaders invent new play, monitor the bossiness of noisy leaders, and care for peripheral toddlers. Initiate members follow the leaders and support each other… They also care for peripheral toddlers and generally hold the group together from the inside. Peripheral toddlers are interested observers. Their incompetence highlights the skill of the older children. Older children gain status by helping and teaching dependent toddlers.

Like the Marquesan children, the Trobriand children take over specific roles and responsibilities within their groups when they gradually grow into these positions. However, we could not observe a distinction between the roles of noisy and quiet leaders in the children's groups of Tauwema. Whether one of the group leading children took over one of these roles was dependent on his or her form of the day and current mood.

During this period of the children's lives, "the child's dominant activity [is] play" (Whiting and Whiting 1975: 48). The games played can be differentiated into

- dance, song and rhythmic games,
- games with objects and materials,
- role-playing games,
- construction games,
- fighting and competition games, and
- hunting games (see also Sbrzesny 1976).

These games have three main functions:

1. testing and developing motor skills and physical abilities;
2. getting acquainted and familiar with various materials; and
3. preparing children for their future roles in their social world.

The first two functions are rather basic and more or less self-evident. It goes without saying that they are important for the life of every child: they enable the child to meet its environment with its manifold phenomena without fear and reservation and to act in this environment in a way that is adequate with respect to its specific conditions. Due to space constraints, and given the importance and the complexity of the third function of play and its importance for our topic, I will only discuss the third function in more detail.

"Play among humans inevitably reflects the culture in which it occurs" (Bruner et al. 1976: 21). In play children take over specific roles which they gradually internalize and thus secure the continuance of norms that are accessible by appearance alone. In the various children's (play-)groups the children learn that they have to follow certain norms which—as implicit social rules—govern social life and interaction within their community. Norms which affect the understanding of gender roles and sex differences or the social affiliation to a specific village sector are directly experienced by children when they are playing together. However, norms that define the *weltanschauung* of an ethnical group—like the one which is valid for the Trobriand Islanders—and that regulate which forms of behavior are acceptable and which are inacceptable and taboo within this community can only be learned in the course of the children's guided socialization into the adult society and by their experiencing of reactions to their behavior not only by their peers within their children's groups but also by their parents and other adults within their village community. Thus, although the children's groups certainly play the most important role in the everyday socialization of children after the age of two, the parents who—with their way of living provide the example for their children of how to live their lives as socially estimated and acknowledged Trobriand adults—are also indispensable in the socialization process of their children.

In what follows I will briefly zoom in on the social roles which are conveyed and transmitted to the children in the various forms of gender and sex-specific role-play. Then I describe how norms that regulate life on the Trobriands are passed on and how they are controlled. I first look at how a child is socialized with respect to its emotional behavior and then present how it learns to deal with possession and with forms of behavior that control and regulate acts of requesting, giving and taking.

3.1.　Gender and sex-specific role play

In role-playing games girls take over the activities of adult women: they play scraping *doba*-(banana)-leaves for making grass-skirts, they re-enact the gathering and the preparation of food, and they mother their younger siblings or toddlers of relatives or neighbors.

In many of their games boys imitate the activities which are reserved for men in the adult Trobriand society, like for example handling bush-knives, paddling canoes, doing specific kinds of work in the gardens. Neither the role-games played by girls nor the ones played by boys are initiated by adults.

Obviously the Trobriand Islanders' division of roles and work which is mirrored in the children's play has proven reasonable and therefore is not questioned at all—not least because of the fact that in this matrilineal society women, their work and their social status are respected in exactly the same way as men.

The Trobrianders—like any other ethnical group—have been developing their culture-specific construction of their social reality which regulates their lives. This construction encompasses much more than just gender roles. In what follows I discuss how children learn and internalize some of the highly important aspects of sociality which have been governing the Trobrianders' life for generations and which still secure the social cohesion of their communities.

3.2. Tradition and control of norms with respect to the expression of emotions

When a child is especially fond of another child, it can express its affection in a number of ways. Children often share special goodies with siblings or with good friends, offering a banana, or a piece of coconut or papaya or the like with the prompt: "*Kukwam!*"—Eat! Human ethologists like Irenäus Eibl-Eibesfeldt have pointed out that offering and sharing food is a friendly gesture in contact situation; it has a bonding function helping to establish and continue good relationships with others (Senft 2014: 97).

Another sign of sympathy and friendship is presenting another child with a beautiful and fragrant blossom or a wreath of flowers. This present is not accompanied by verbose explanations or ceremonial gestures, either. The child who makes the present offers his or her friend the wreath of flowers in his extended hand, just stating: "*M bweta!*"—Your wreath of flowers!

Familiarity with someone can also be expressed by directly requesting something from a friend. In such a case the requester just states "*Agu bweta!*"—My wreath of flowers!—pointing at the decoration which is worn by the other child. To refute this request would be severely impolite and could result in the end of the mutual friendship.

Other forms of expressing sympathy like embracing, kissing or caressing someone can only be observed in interactions of older children with sucklings; in the contact situation with peers within the playgroups these forms of friendly behavior do not occur. Possibilities for older children to get in bodily contact with each other can arise during body care situations, like for example during mutual lousing or during rubbing ones hair or ones skin with desiccated coconut, the fat of which helps preventing the skin to dry out in the sun and saltwater, or during bathing when especially the girls wash each other's backs.

This norm to express affection to someone else mainly with gifts and—rather rarely—with severely restricted bodily contacts—which is the valid norm on the Trobriand Islands—is learned by the children within their children's group. The older children pass on this norm to the younger ones just by their behavior. The behavior of adults with respect to the exchange of tender caresses in public is certainly of high importance for this early acquired reluctance in children to have bodily contacts with each other. In public life the interaction between husband and wife is rather controlled as well. Married couples do not exchange any signs of tenderness like holding hands, kissing in public, or embracing each other, not even after some time of having been parted from one another. The relationship between a wife and her husband seems to be rather detached and sometimes even looks like avoidance behavior, at least in our eyes.

We can only speculate about why the expression of tender feelings is so severely restricted in this society. The Trobriand society is an extremely public one. The major part of an individual's life takes place in front of the eyes of the village community. The Trobrianders only retreat into their houses when they go to sleep or when they are ill. But even within the houses there is hardly anything that resembles our idea of privacy—all members of a family sleep densely packed in the relatively small houses. If the major part of one's life takes place in public, the community needs to set standards that are compulsory for everybody but not too demanding for the individuals within this community. If the Trobrianders would tolerate married couples to exchange signs of tenderness in public, people could quickly differentiate between good and bad marriages. By banning these signs of tender feelings into the strictly private sphere of a couple, all married couples are respected equally within their social community. This supports the stability and the solidarity of this community. On the basis of this consideration it seems sensible that within the Trobriand Islanders' construction of their social reality an individual has to learn to suppress feelings that are—at least for this community—too spontaneous and therefore possibly destructive.

Summing up we can establish that children learn at a very early age to express their feelings of sympathy and affection for others only in the ways that comply with the Trobrianders' norms of behavior. We could not observe that the children violated these norms.

The children of Tauwema express feelings of animosity and antipathy with respect to another person usually in forms of aggressive behavior, like beating, biting, kicking, poking or pinching someone. Younger children direct forms of aggression to older children and vice versa. However, in most of these cases the aggressor is older than the aggressee. Thus, it is more likely that children act out aggressive behavior when they are confident to be physically superior to their opponent and therefore need not expect too many negative consequences of their behavior from the target of their aggression. A few cases of children's aggressive behavior were targeted at adults. This implies that physical superiority of an opponent need not always inhibit aggression in children. However, adults do not react at all when children beat, bite or kick them—on the contrary, they often laugh at these aggressive acts by belligerent children. Aggressive behavior directed towards peers or older children often results in resistance, while aggression towards younger children seems to have no consequences whatsoever. However, appearances are deceiving. Usually no third person—neither a child nor an adult observing such forms of aggression—interferes in a fight between peers, but children who attack significantly younger children will face sanctions for their behavior. One such sanction is that an adult or a child who is older than the aggressor slaps him or her in the face; this may be physically not too painful for the aggressive child, however, this sanction is humiliating to the core for the aggressor and usually results in a flood of tears. The other form of sanction for aggressive behavior directed towards significantly younger children can be observed much more often than the physical punishment: This punishment consists in humiliating the aggressor verbally. However, this verbal humiliation is not done in form of a verbose preachment — the punishment just consists of the contemptuously mumbled sentence: "*Kugisi avaka kuvagi!*" — Look what you have done! The child humiliated in this way also always immediately starts to cry as if it was beaten.

During the process of learning to control their aggressive emotions the children often have to severely struggle with themselves. This becomes most obvious with 6 to 7 year old children who have almost completed this learning process. When they fly into a passion, they often pick up a piece of wood, a stone or a handful of sand, stretch their arm to the back and — exactly at this moment the learned and internalized norm interferes and inhibits the children's urge to throw something at their opponent. Often these children are standing there for seconds with their arm lifted and prepared to throw, staring at their adversary — but after some of these crucial seconds they drop their arm and run away, having won this fight with themselves, according to the valid norm of emotion control.

What is the benefit for the Trobriand society when children learn at an early age to suppress aggression? As already mentioned above, it is reasonable to not burden a small village community with problems in the relationships between its individual members. Although the Trobrianders have established with their "council of chiefs" an authority that regulates disputes, it is sensible if every member of the community learns to restrain him- or herself to prevent the eruption of assaults which could destroy ties between different families and their sophisticated economic networks within this community.

However, there is one form of aggression which is not suppressed on the Trobriand Islands, namely *schadenfreude* which can be acted out without any fear of sanctions. To give just one example: When Weyei, a man in his early 60s, pursuing his grandson at the beach to slap him in the face, stumbled and was rolling in the sand, all spectators of this scene — be it toddler or a venerable old woman — roared with laughter so that good old Weyei had no other choice but to join in their laughter. Some women have developed genuine pantomimic talents to perform such mishaps of others before an audience, making the spectators laugh their heads off. Besides the *schadenfreude*, verbal mocking, teasing, tricking and hoaxing someone are popular and even respected forms of expressing aggressive behavior.

There is a lot of laughter in Tauwema — but this is no wonder: The Trobrianders differentiate and metalinguistically name varieties or registers of Kilivila that they use in specific situations with various intentions (Senft 2010a: 149f.). The default register they use in everyday interactions is called "*biga sopa*" which can be translated as "the joking language" — but also as "the lying language". This variety is absolutely characteristic for Trobriand forms of talk. It is based on the fact that Kilivila, like any other natural language, is marked by features that include 'vagueness' and 'ambiguity'. Both these features are used by its speakers as stylistic means to avoid possible distress, confrontation, or too much and — for a Trobriand Islander at least — too aggressive directness of certain speech situations. If hearers signal that they may be insulted by a certain speech act, speakers can always recede from what they have said by labelling it as *sopa*, as a 'joke', a 'jest', 'fun', 'nonsense', as 'something they did not really mean to say'. Thus *sopa* signals the speakers' unmarked non-commitment to truth. Trobriand etiquette then prescribes that hearers must not be offended at all by those utterances that were explicitly labelled as *sopa*. If they feel offended and display this feeling publicly, then they lose "face".

The Trobriand Islanders employ this variety in everyday conversation, in small talk, in flirtation, in public debates, in admonitory speeches, in songs and stories as a means of rhetoric to avoid possible conflicts and to relax the atmosphere of the speech situation. The *biga sopa* variety also contributes to put forward arguments because it allows speakers to disguise their thoughts verbally and to disagree in a playful way without the danger of too much personal exposure. Moreover, the *biga sopa* variety is used for mocking people. As a means of irony and parody it can be used to criticize certain forms of sociologically deviant behavior, relatively mildly asking for immediate correction. Finally, the *biga sopa* variety offers the only license for the verbal breaking of taboos and thus for the licensed use of insults and swear words—not only for adults but also for children.

The *biga sopa* serves the function of a so-called "safety valve custom" (Heymer 1977: 187). This ethological concept needs some explanation: Every society puts some of its realms, domains and spheres under certain specific taboos. However, the stricter the society is in regard to its observance of these taboos, the more these taboos are ignored. But a society can secure its members' observance of certain taboos, especially of taboos that are important for its social construction of reality by allowing the discussion of its taboos—especially of the sociologically less important ones—as topics of discourse. It may even allow its members to imagine the ignorance of taboos—in a fictitious way, of course. And this is exactly how and why 'safety valve customs' develop. Genres of *biga sopa*—including insults and swear words—are first of all classified as *sopa*—as play, as something fictitious in Trobriand society. The *biga sopa* thus generates a forum where the breaking of taboos is allowed, if it is done verbally! This forum permits a specially marked way of communication about something 'one does not talk about' otherwise.

In sum, the '*biga sopa*' variety channels emotions, it keeps aggression under control, and it keeps possibilities of contact open. This concept with it tension releasing functions secures harmony in the Trobriand society and contributes to maintaining the Trobriand Islanders' social construction of reality.

Acquiring Kilivila and getting familiar with the concept of the *biga sopa*, the children also have to learn to laugh about themselves, even in situations when they feel deeply insulted—because, as pointed out above, the Trobriand norm of verbal interaction requires that hearers of the *biga sopa* must not be offended at all by utterances that were explicitly labelled as *sopa*—otherwise they will be mocked by all and lose face.

Like the adults the children cherish *sopa* as a source of amusement. Children at an early age actively practice the use of the *biga sopa* within their children's groups. And as just mentioned, the first step in learning how to use *sopa* requires that children learn to laugh about jokes older children make about them. The ability to actively produce jokes and to amuse other children within the peer group develops at about the age of five years.

Another reason for communal laughter is provided by the "*butusi*"—the mocking songs. The village youth compose catchy melodies and come up with lyrics that caricature someone with a specific vice or virtue. Children join in singing these songs, and sometimes even intoning just the first line of such a mocking song results in roaring laughter.

Children not only have to learn how to deal with their personal joy all by themselves, they also have to learn how to cope with grief, pain and disappointment all alone. Soon after our arrival in Tauwema we noticed that children often cried heartbreakingly for a relatively long time without taken care of by playmates or adults. And to our great surprise these children completely ignored attempts made by us to comfort them; that is, they could not cope with our ways of consoling. To understand the behavior of these children we have to look at the development of crying in children. Sucklings and toddlers who are breastfed hardly ever cry. If they are with their mother, they are immediately breastfed. Calming words are unnecessary. Fathers react to the crying of their youngest children by taking them into their arms, rocking them and singing a lullaby or another song. The young children who sit on the village ground in the afternoon are comforted by their elder siblings or children who are their relatives when they start to cry. Verbal means are only sparsely used for consoling—the exceptions being "*Desi, desi*"—"Enough, enough" or the production of the adequate kinship term like, for example "*O bwadagu*"—"Oh my little brother". Instead, the older children take the little ones in their arms or put them in their lap and rock and pat them until they stop crying. These attempts to console a child abruptly cease with the weaning of the child. If a weaned child cries, nobody cares: the reason for their crying is added up with their frustration of being let alone all by themselves.

Why does the crying of these young children no longer function as a comfort appeal to peers and adults? We have pointed out above that self-discipline is important for the Trobrianders' control of emotions, because this ability contributes to the social balance within their community. Children have to acquire this quality—the earlier the better—because the early period of their integration into the children's group requests the children's acquisition of this character trait. In crying out their grief and anger, the children find a temporal outlet for these emotions; however, they soon learn that—with the exception of their personal relief—this strategy has no effect whatsoever in their environment and they realize that as soon as their time as a suckling has come to an abrupt end, crying has lost its function to elicit care. Therefore children at the age of about 5 years can hardly be observed crying publicly.

In sum, children have learned to control their emotions to behave according to the norms that are valid within their community when they are 7 years old. They have acquired a relatively strict form of self-discipline, which is necessary to keep the balance between the individuals within their very public society. It is often difficult and sometimes even painful for the children to acquire this quality, nevertheless they all manage to cope with the experience of being socially forced to repress and control their emotions. At the age of 7 years the children of Tauwema are quite self-confident and self-assured; therefore the early experience of the social repression of uncontrolled display of emotions does not seem to have any negative effects on them. On the contrary, it seems that the children's awareness that they can behave adequately with respect to all situations they experience in everyday life within their community provides them with an important emotional security and with a general aplomb. The practicing of the forms of behavior that conform to the Trobrianders' social norms takes place while playing with other children in the playgroups; it is controlled by older members of the children's groups.

3.3. Tradition and control of norms with respect to requesting, giving and taking

Children hardly possess anything else than their clothes. Toys are short-lived—being made out of natural materials. They are temporarily used by the children, but not retained or 'owned'. This relationship to personal items has resulted in a very specific form of giving and taking. If most of the things in the environment are common property, then everybody is entitled to use them. Therefore it is superfluous to develop specific ways of politeness—like for example ways of formalized requesting, because everybody's due can be requested by everybody else. Thus, it conforms with Trobriand etiquette if a child who is watching a relative chewing betelnuts simply states "*Mesta buva!*"—Give me betelnuts!—or "*Agu buva!*"—My betelnuts! There is no need for Trobrianders to cajole someone who is in the possession of something to make him share it—everybody can request their owing share. There is no word for "please" in Kilivila. But there is a word for the action of requesting, "*-nigada-*". However, somebody who constantly makes requests is labeled a "*Tonigada*"—a "beggar", and this is an epitheton ornans that Trobrianders do not really like. It is Trobriand etiquette—which is binding upon everyone—to pass on something like a betelnut or a cigarette almost immediately to someone who asks for it. If Trobrianders refuse to do this just by saying "*Gala.*"—No —, there are only two explanations for this inappropriate behavior: They are either temporarily ill, and do not realize how improperly they behave—this can be excused, if the "illness" does not last too long, or they are just mean. Meanness, however, is not tolerated in a society that is based on a generous exchange of goods, and mean persons—"*Tomekita*"—have to face being asked to leave the village in which they live. Giving and taking freely and generously is one of the cornerstones of the social construction of Trobriand reality. This kind of requesting, giving, and taking can be described as a form of ritualized communication that serves the function of testing and monitoring in a daily routine whether all the members of the community still adhere to values that are basic for the social construction of their reality. As long as these tests turn out to be positive—according to the standards of the community—the society's coherence is not endangered and need not be questioned. Any infringement upon the few items of personal property, however, is sanctioned as a severe offence, and the malefactor is publicly scolded to be a "*Tovelau*"—a "thief".

3.4.   The role of the children's "small republic"

Trobriand children indeed "enjoy considerable freedom and independence" which give "scope to the formation of the children's own little community" to which Malinowski referred as "their small republic" (Malinowski 1929: 44f.).

In connection with this independence and autonomous behavior of children, the human ethologist Eibl-Eibesfeldt (1989: 600f.) points out that in general

> [c]hildren learn at an early stage that they are part of a larger community, particularly in the smaller kin-based societies of village and tribal cultures. … As soon as a child can walk he will participate in the children's playgroup …, and it is in such playgroups that children are truly raised. The older ones explain the rules of play and will admonish those who do not adhere to them … Thus the child's socialization occurs mainly within the playgroup … There is a children's culture, which is transmitted from the older children to the younger ones without adult intervention. Distinct rank order relationships prevail in children's groups … In the children's group the child grows into the community, learning social competence through the acquisition of social and technical aptitude, and ascending in rank while doing so.

The ethologist also emphasizes the importance of the fact that these children groups are mixed age-groups. He states: "In tribal societies the child grows up in mixed age groups and, with increasing age, experiences a change from being guided to being a guide to the younger child. A child thus experiences (and experiments with) all possible roles" (Eibl-Eibesfeldt 1989: 314). As mentioned above, in these hierarchically structured mixed-age groups children pass through a number of different roles which require different forms of rule-governed behavior and imply a number of different responsibilities which the children take over for themselves and for the group as a whole. As the Whitings rightly point out, "older children can be expected to practice their newly acquired knowledge of the rules of the culture by making responsible suggestions or reprimanding anyone who deviates from these rules" (Whiting & Whiting 1975: 184). Thus, younger children learn from the older children in the group—who socially control it—the culture-specific norms of verbal and non-verbal behavior which are fundamental for their society and which govern its members' behavior. Play is decisive for this learning process: "If the rule structure of human play and games sensitizes the child to the rules of culture, both generally and in preparation for a particular way of life, then surely play must have some special role in nurturing symbolic activity in general. For culture is symbolism in action" (Bruner et al. 1976: 19).　When the children have finished these phases of social learning in which they have internalized the norms they are confronted with in their social environment, that is within their (play-)groups, they have also gained social safety: Now they can predict the behavior of others within their group as well as the reactions of these others to their own forms of behavior.　Thus, the children's "small republic" provides the most important framework for their socialization into their culture.

4.　Parental education

In this paper I have shown that the Trobriand children's groups have a decisive educational influence and impact.　Living together within these groups the children experience the tradition of values and norms and the rules and regulations that constitute the basis for acquiring the social conventions for the adequate multimodal interaction with their fellow human beings.　After the child is weaned, the parents attempt to educate and treat their children in such a way that they can and want to live their lives as autonomously and independently as possible.　The relationship between parents and children grants the young children a very high degree of independence and autonomy.　Attempts of parental education are confined to a minimum and affect mainly personal hygiene, social morals and norms, the leading of the children to do some work in the household and the gardens and the passing on of intellectual cultural assets.　Parents only sporadically request strict obedience from their children.　The adult Trobrianders themselves consider their function as parents primarily as a priming one.　Mothers and fathers emphasize that they believe in the power of the 'good example', the proper 'role model'. If the parents lead an orderly life—a concept which is expressed in Kilivila as "*keda bwena*"—"good way"—, then their children will also do so.

References

Bruner, J. S., A. Jolly & K. Sylva (eds.). 1976. *Play—Its Role in Development and Evolution.* Harmondsworth: Penguin Books.

Eibl-Eibesfeldt, I. 1989. *Human Ethology.* New York: Aldine de Gruyter.

Heymer, A. 1977. *Vocabulaire Éthologique: Allemand-Anglais-Français.* Berlin: Parey.

Malinowski, B. 1927. *Sex and Repression in Savage Society.* London: Routledge & Kegan Paul.

Malinowski, B. 1929. *The Sexual Life of Savages in Northwestern Melanesia.* London: Routledge & Kegan Paul.

Martini, M. 2009. "Peer interactions in Polynesia: A view from the Marquesas". In P. B. Smith & D. L. Best (eds.) *Cross-Cultural Psychology, Volume 2: Developmental Psychology*, 147–168. Los Angeles: Sage. [first published 1994 in J. L. Roopnarine, H. E. Johnson & F. H. Hooper (eds.) *Children's Play in Diverse Cultures*, 73–103. Albany: State University of New York].

Sbrzesny, H. 1976. *Die Spiele der !Ko-Buschleute unter besonderer Berücksichtigung ihrer sozialisierenden und gruppenbindenden Funktionen*. München: Piper.

Senft, G. 1986. *Kilivila: The Language of the Trobriand Islanders*. Berlin: Mouton de Gruyter.

Senft, G. 2010. *The Trobriand Islanders' Ways of Speaking*. Berlin: de Gruyter Mouton.

Senft, G. 2014. *Understanding Pragmatics*. London: Routledge.

Whiting, B. & J. W. M. Whiting—in collaboration with R. Longabaugh. 1975. *Children of Six Cultures—A Psycho-Cultural Analysis*. Cambridge, MA: Harvard University Press.

『語用論研究』第 19 号（2017 年）pp. 54-79
© 2017 年　日本語用論学会

〈一般投稿論文〉［研究論文］

アメリカ英語における談話標識 *Still* の分析
—談話の行為構造における機能とその史的発達過程の考察—*

岩　井　恵利奈

青山学院大学大学院生

This paper takes an interactional view of the use of the discourse marker *still* and investigates how *still* functions in the action structure of the discourse, as well as how the functions have developed diachronically. Two uses of the marker are analyzed: the utterance-initial use and the stand-alone use. The utterance-initial *still* projects that, with the subsequent part, the speaker conflicts with the hearer's position by reclaiming the speaker's original position. However, the stand-alone *still* performs a similar action, and a stand-alone use involving "action projection" also exists. A diachronic analysis shows that *still* developed the stand-alone use out of the utterance-initial use. This is an example of a pragmatic expansion of the form into an item that both projects and performs the action.

キーワード：　談話標識 *still*、発話頭用法／独立用法、行為構造、行為投射／行為遂行、相互作用

1.　はじめに

　　本稿では、談話における相互作用の観点から英語の談話標識（discourse marker）*still*

---

　* 本稿の執筆に際し、数多くの貴重なコメントと建設的なご指摘を下さった 3 名の査読者の先生方と編集委員長・滝浦真人先生に厚く御礼申し上げます。特に、投射機能の論点と用例の読みについては主査の先生から、コーパスデータの分析や結果の提示方法については匿名査読者の先生方から、また、ポライトネスの論点と統計分析については滝浦真人先生から大変有益なご指摘やご教示をいただきました。そして、研究を進める段階から本稿執筆に至るまでご指導をいただきました小野寺典子先生、また執筆を進める過程で有益なコメントとご助言をいただきました大堀壽夫先生に心より感謝申し上げます。筆者は 2016 年度に Visiting International Research Student (VIRS) としてブリテッシュコロンビア大学に滞在し、その間、本研究を進める過程でレスリー・アーノヴィック先生とローレル・J・ブリントン先生よりご指導を賜りましたこと、そして当大学大学院生の廣田友晴氏から本稿執筆の過程で貴重なコメントをいただきましたことをここに記し、心より感謝申し上げます。
　本稿の内容の一部は、日本語用論学会第 18 回大会における口頭発表を基にしている。本稿は、JSPS 特別研究員奨励費（課題番号：15J10738）の助成を受けている。本稿における不備や誤りは、すべて筆者に帰する。

を分析する。例えば、*Oxford Advanced Learner's Dictionary*, seventh ed.（以下 OALD）
(2005) では、副詞 *still* の以下 3 つの語義が与えられ、例文が掲載されている。

(1)　1 continuing until a particular point in time and not finishing: *Mum, I'm still hungry!*

　　　2 despite what has just been said: *The weather was cold and wet. Still, we had a great time.*

　　　3 used for making a comparison stronger: *The next day was warmer still.*

　　　　　　　　　　　　　　　　　　　　　　　　　　　(OALD, s.v. still, adv.)

1 は時間的継続の意味、2 は譲歩（反意）の意味、3 は比較級を強める意味である。1 は時間的、2 と 3 は非時間的といえる。また、Michaelis (1993) は、もう 1 つの非時間的意味として「周縁性 (marginality)」を挙げている（例えば、*Death Valley is still in California* (ibid.: 193)）。[1] *Still* はこのように 3 つあるいは 4 つの基本的意味を持つが、この中で談話標識として用いられるのは譲歩（反意）の *still* である。

　談話標識 *still* は (2) のように発話頭で用いられることが圧倒的に多い (cf. デクラーク 2011: 316–317)。[2]

(2)　Adam:　*Still*, I should have done it.

　　　　　　(*All My Children* 2009 *The Corpus of American Soap Operas*)

Still は後続部（観念あるいは中核節：*I should have done it*）を伴っており、それから統語的・韻律的に離接的である。一方で、(3) のような独立して使用される例も少なくない。

(3)　Sandy:　He brought that on himself.
　　　Tammy:　*Still*.

　　　　　　(*Guiding Light* 2005 *The Corpus of American Soap Operas*)

この *still* は後続部を伴っておらず、一語文のように用いられている。これは統語的・韻律的に独立した使用である。[3] 本稿では、(2) と (3) のような使用をそれぞれ「発話頭用

---

[1] Michaelis (1993: 94) は、周縁性 (marginality) の意味に初めて言及したのは、ドイツ語の *noch* を分析した König (1977) であると指摘している。

[2] デクラーク (2011) は、（談話標識 *still* に相当する）接合詞 *still* は「通例、節前位置に生ずる」(ibid.: 316) と述べている。なお、デクラーク (ibid.) は、*still* は「節後あるいは文末には生じえない」(ibid.: 317) と指摘しているが、追って述べるように、本研究データにおいて数は少ないが発話末の使用も見つかった。

[3] Fraser (2009: 300) はまた、談話標識は S1-DM＋S2 (S は談話断片、DM は談話標識) の連鎖に現れるが、S2 が産出されず談話標識が単独で用いられる場合があると指摘する。

法」「独立用法」と呼ぶことにする。なお、この他に発話末での使用も観察されたが、用
例数が非常に少なかったこと、また紙幅の都合により、本稿では上記 2 つの用法に限定
し分析する。本研究では、各用法の *still* が談話においてそれぞれ持つ語用論的・相互作
用的機能を示す（3 節）。

　Schiffrin（1987）は、談話（discourse）は複数の面（レベル）から構成されると説明す
る。図 1 は Schiffrin（ibid.）の提案する「談話モデル」である。

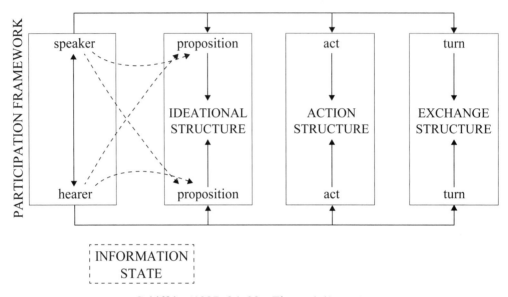

図 1：　Schiffrin (1987: 24-29、Figure 1.1) の談話モデル

複数のレベルとはつまり、(i) 参加者構造（participation framework）、(ii) 観念構造（ide-
ational structure）、(iii) 行為構造（action structure）、(iv) やりとり構造（exchange
structure）、(v) 情報構造（information state）という 5 つの性質・次元の異なる面（plane、
また structure）である。[4] 談話におけるメッセージやコンテクストは談話の複数の要素が
相互に関連しあい成り立っている。この中でも、本稿が焦点を当てるのは「行為構造」で
ある。行為構造は、「行為（act）」が単位であり、それには対話者の発話行為や社会的行為
（エスノメソドロジーが言うところの行為）が含まれる（Schiffrin 1987: 25; cf. 澤田・小
野寺・東泉 2017: 19）。談話において行為は無秩序に起こるのではなく、そこには制約が
あり、関連づけられたものとして解釈される（Schiffrin ibid.）。本稿では、談話標識 *still*

---

　[4] 談話モデルの詳細については Schiffrin（1987: 24-29）を参照のこと。なお、ここでの日本語訳
は澤田・小野寺・東泉（2017: 19-20）を参考にした。また、談話の多面性については他の先行研究
でも指摘されている（e.g., Borkin 1980; Grosz and Sidner 1980; Halliday and Hassan 1976; Po-
lanyi and Scha 1983; Redeker 1990）。

の行為構造における機能を分析する。

　近年、「周辺部（periphery）」研究が盛んに行われるようになっている（e.g., Beeching and Detges 2014; 小野寺 2017a）。周辺部とは、「談話ユニットの最初あるいは最後の位置」（トラウゴット 2017: 86）と定義され、「談話ユニット（discourse unit）」とは通例、節または発話を指すことが多い。周辺部は、「語用論的調節のなされる場所」であり（澤田・小野寺・東泉 2017: 20; cf. Ohori 1998: 194; 小野寺 2017b）、文法化が起こる場所であるとも指摘されている（e.g., Ohori 2000; 小野寺 ibid.）。周辺部研究の一環として、小野寺（2014）は、左の周辺部に生起する談話標識には、「これから起こる話し手の行為[5] を知らせる」機能があると提案する。これは（2）の *still* に関係すると考えられる。また、Higashiizumi（2016）は、日本語の連結詞 *daro(o)/desho(o)* が、節の右の周辺部から分離し、「独立した承認／同意のマーカー（stand-alone confirmation/agreement markers）」として使われるようになる変化を明らかにしている。こうした論考は（3）のような用法を考える上でも参考になる。また、大橋（2015）は、譲歩の意味を持つ語や構文が新しい用法や意味を発達させるプロセスを実証している。本稿も「譲歩からの変化」に取り組む一研究として位置づけられるだろう。

　本稿の目的は、アメリカ英語を対象とし、相互作用的観点から談話標識 *still*（発話頭用法と独立用法）の行為構造における機能を明らかにするとともに、その機能の史的発達過程を考察することである。具体的には、談話標識 *still* は発話頭用法と独立用法とで異なる行為構造における機能を持つこと、そしてそれらの機能は歴史的に段階を経て獲得されてきたことを示す。近年、相互作用の中での言語使用のパターンが新たな構文（construction）（Traugott 2003）を生み出していく事例が報告されている（e.g., Couper-Kuhlen 2011; Günthner 2016）。しかし、相互作用の観点を重視した通時的語用論研究を行おうとする際、過去の話しことば（音声、自然な（authentic）相互作用）データの欠如が問題となる。本稿は、*The Corpus of American Soap Operas 2001–2012*（以下 SOAP）と *The Corpus of Historical American English 1810–2009*（以下 COHA）の 2 つのコーパスを用い、それらから得られる「話しことばの書かれた記録」（Rissanen 1986、Jacobs and Jucker 1995: 7 より引用）の分析を基に相互作用的観点からの通時的語用論研究を試み、その一ケーススタディを提供する。

　本稿の構成は、以下の通りである。2 節では、談話標識 *still* を定義し、具体事例の分析の背景として譲歩を表す *still* が持つ機能を先行研究により概観する。3 節では談話標識 *still* の行為構造における機能を明らかにし、4 節ではその機能の史的発達過程を調査する。5 節では結語を述べる。

---

[5] この行為には、発話行為、社会的行為、会話管理のための行為が含まれる。

2.　研究の背景

2.1.　談話標識 *still*

　譲歩（反意）の *still* は、Quirk et al. (1985)、Halliday and Hassan (1976)、Biber et al. (1999) に従えば、それぞれ「接合詞（conjunct）」「接続詞（conjunction）あるいは接続要素（conjunctive element）」「連結副詞類（linking adverbial）」として分類することができる。それは、前後の談話ユニットが「予想に反して（contrary to expectation）」という意外さや驚きを含んだ対照関係にあることを示す（Quirk et al. 1985: 631; cf. Quirk et al. 1972: 164）。このようなメタテクスト機能を持つことから、*still* を「談話標識（discourse marker）」（Fraser 1996, 2009; cf. Bell 1998, 2010）として捉えることができる。さらに、それは伝達事象に対する話者のスタンスを示すことから、メタ語用論的（対人関係的）である。トラウゴット（2017: 77–78）は、メタテクスト的、メタ語用論的、あるいはメタテクスト的かつメタ語用論的である項目を「語用論標識（pragmatic marker）」と定義しており（cf. Brinton 1996; Fraser 1996, 2009; Hansen 2008）、*still* は語用論標識と言うこともできる。

　Schiffrin (1987) は、ある形式が談話標識として用いられる際に見られる条件として、以下 4 つを挙げている。

(4)　1.　文から統語的に分離可能である。
　　　2.　典型的に発話頭で用いられる。
　　　3.　一連の韻律曲線を持つ。
　　　4.　談話の局所的レベル（local level）と全体的レベル（global level）で、また異なる談話の次元で作用する。

(Schiffrin 1987: 328［訳筆者］)

本稿では、上記 1-4 の特徴を持つ譲歩 *still* を談話標識 *still* と定義し分析する。

2.2.　*Still* の機能

　以下で、*still* の主要な機能を 3 つ確認する。最初の 2 つは、「受容（accept, acknowledge）」の機能と「打ち消し（cancel）を知らせる」機能である。Bell (1998, 2010) は、*still* を "concessive cancellative discourse markers" の 1 つとして特徴づけ、それが以下 2 つの特性を持つと指摘する。

(5)　1.　先出の談話断片の正当性や妥当性を受容する。[6]

---

[6] この受容の機能は、例えば *but* といった他の対照を表す談話標識と区別される特徴である。

　　2.　前の談話から導き出せる予想や効果が、これから来るメッセージにおいて
　　　　打ち消されることを知らせる。

(Bell 2010: 1912, 1914, 1920)

1 の受容の機能は、前方照応機能といえる。この 2 つの機能を (6) で考えてみる。

　　(6)　A:　Ted's so dumb
　　　　　B:　**Still** he got an A- in Phonology

(Bell 2010: 1920 ［太字体は原著］)

B の *still* は、A の Ted の知能についての評価の正当性を認める（前方照応する）一方で
(ibid.: 20–21)、A の発話から導き出せる想定（「Ted は音韻論の授業で良い成績をとるこ
とはできないだろう」）がこれから打ち消されようとしている（*he got an A- in Phonolo-
gy*）ことを知らせている。また、Couper-Kuhlen and Thompson (2000) は、自然発生的
な会話を分析し、譲歩が基本的に以下の連鎖（相互作用のパターン）の中で行われること
を明らかにしている。

　　(7)　1st move　　A:　States something or makes some point
　　　　　2nd move　　B:　Acknowledges the validity of this statement or point (the
　　　　　　　　　　　　　conceding move)
　　　　　3rd move　　B:　Goes on to claim the validity of a potentially contrasting
　　　　　　　　　　　　　statement or point

(Couper-Kuhlen and Thompson 2000: 328)

つまり、譲歩は（少なくとも）2 人の話者（A、B）を要し、3 つのムーブ（1st, 2nd, 3rd
moves）より構成される連鎖の中で行われる。譲歩（2nd move）は、相手に対する潜在的
に対立する意見を主張する（3rd move）ために行われるという (ibid.)。譲歩の発話が、基
本的に（自分の発話ではなく）相手の発話（1st move）を契機として行われている点は興
味深い。Pomerantz (1984) はまた、会話者は "potentially disruptive disagreement" を
するために譲歩を行うと指摘している。
　3 つ目の機能は、「旧情報を導入する」機能 (Bell 2010; Borkin 1980; Crupi 2004; 東森
2003; König and Traugott 1982) である。旧情報とは、既に確立されたポジションと言
うこともできる。Hirtle (1977: 42) は、「*still* は、関係性を介在要素にもかかわらず継続
として特徴づける」（傍点は筆者）[7] と指摘する。この 3 つ目の機能を考えるためには、

---

[7] 原文は "*still* characterizes the relationship as continuation in spite of an intervening element"
(Hirtle 1977: 42)。

(6)のようなやりとりのもう 1 つ前のターンも考慮する必要がある。(8)のように表せる。

(8)　B:　P　　　　　（旧情報）
　　　A:　Q　　　　　（介在要素）
　　　B:　*Still* P′　（旧情報の継続）

Still は（対立的な）介在要素 Q の存在にもかかわらず、P（旧情報）が後続の P′ で継続されることを知らせる（cf. Bell 2010: 1921, 1925-1926）。このように、*still* は Q への対立を示す（打ち消しを知らせる）と同時に、旧情報を導入する機能を持つ。*Still* の分析には、この情報の連続性も考慮し、(8) のような広範なコンテクストを見る必要がある。

3.　談話標識 *still* の行為構造における機能

　以上の研究の背景を踏まえ、本節では、談話標識 *still* の行為構造における機能をデータ分析を通して明らかにする。

3.1.　データと分析記号

　データソースとして SOAP を使用する。SOAP は、2001 年から 2012 年までのアメリカのドラマ台本を収録する大規模コーパスである。*Still* の後ろに , が来るものと . が来るものを抽出するため、2 つの検索式 still.[r*], と still.[r*]. (.[r*] は抽出される用例を副詞に限定する）を使用し、抽出された用例の中から離接的な発話頭用法と独立用法の談話標識 *still* を手作業で収集した。さらに、その中でも *still* がターン（turn）冒頭で用いられているものに絞った。その理由は、譲歩が基本的に (6) や (7) で示したように 2 人のやりとりの中で用いられること、そして、ターン交替が行われる場所は、話者による様々な行為が行われる「行為構造」が関与する場所だからである。

　2.2 節から、*still* の分析には広い談話の流れ（特に前文脈）を考慮する必要があることがわかった。以降の分析では、便宜上、*still* が現れる前後の発話を以下のように示し言及する。

(9)　1　話者 B：　P1　　　　　（ターゲットとなる主張）
　　　2　話者 A：　Q1　　　　　（P1 に対する言い返し）
　　　3　話者 B：　*Still*, P2.　（P1 の再主張；P2 はないこともあり→独立用法）
　　　4　話者 A：　Q2　　　　　（P1 の再主張に対する言い返しが多い）

P1, Q1, P2 は、先の (8) の P, Q, P′ にそれぞれ相当する。また、1—2 のやりとりは繰り返されることもある。以下、「P1, P2, Q1, Q2 …」と言及した場合、それらは話者のポジション (P, Q) が言語化された発言内容を指す。

3.2.　発話頭用法 *still* の行為投射機能

　まず、発話頭用法 *still* を分析する。この *still* は、特定内容の後続部を投射し、産出されつつある発話が行う特定の行為を投射する機能があることを示す。

　(10) は 1 つ目の例である。Adam が Stuart を助けられなかったことが話題となっている。

(10)	1	Adam:	Stuart needed saving. I should have saved him.	P1
	2	Annie:	But you couldn't.	Q1
	3	Adam:	I couldn't because… of you.	
	4	Annie:	You think it's my fault you couldn't save Stuart?	
	5	Adam:	If you hadn't been in this house, I would have been	
	6		right here with Stuart. I would have taken that bullet	
	7		for him.	
	8	Annie:	You were drugged and disoriented. I wasn't going	Q1
	9		to just abandon you.	
	10	Adam:	*Still*, I should have done it.	Still, P2
	11	Annie:	Listen to me, I am not going to let you do this to	Q2
	12		yourself.	

(All My Children 2009 SOAP)

Adam は Stuart を助けるべきだったと主張し（1 行目）、助けられなかったことを Annie のせいにする（3, 5-7 行目）。しかし Annie は、助けることはできなかったのだし（2 行目）、混乱していた Adam を見捨てられなかった（8-9 行目）と反論する。これに対し Adam（10 行目）は、*Still, I should have done it*（それでも、自分は助けるべきだった）と 1 行目の主張（P1）を繰り返している。*Still* は、これから Adam が行うそうした「対立（conflict）」を投射（project）している。林（2008: 16）は、投射とは「次に何が起こるか」を予示・予告する性質であり、「投射はある行為が完全に産出されてしまう前に、それがどのような行為なのか（中略）を予測することを可能にする」(ibid.[傍点は原著]) と指摘する。[8] Adam の *still* は、P1 の再主張内容（P2）が後続で述べられること（ここでは、P1 の *I should have saved him* が繰り返されている）、そして発話全体をもって行われる行為が「すでに主張したポジション（P）の再主張」であることを投射している。

　Still の後続部では、前の発話の含意が述べられたり、言い換えがなされる場合も多い。

---

[8] Auer (2005) はまた、投射を "the fact that an individual action or part of it foreshadows another" (ibid.: 8) と定義する。

しかしいずれの場合も、*still* は「すでに主張したポジションの再主張」を投射する。(11)
(12) でそれぞれの例を見る。

(11) 1　Lily:　　　　Are you overwhelmed right now?

　　 2　Greenlee:　 Uh, any reason that I should be?　　　　　　　 P1

　　 3　Lily:　　　　Well, we heard a loud sound and Aidan's friend　Q1

　　 4　　　　　　　Steve disappeared and we're all alone in the

　　 5　　　　　　　strange place and is not a joke.

　　 6　Greenlee:　 *Still*, no reason to be overwhelmed. See, look at　Still, P2

　　 7　　　　　　　me. I am totally whelmed.

　　 8　Lily:　　　　Greenlee, "whelmed" isn't a word.　　　　　　 Q2

　　　　　　　　　　　　　　　　　　　　　　(*All My Children* 2005 SOAP)

(12) 1　Jonathan:　 They should include you in more of their　　　 P1

　　 2　　　　　　　decisions.

　　 3　Simone:　　 Yeah, well, it's really all right. I get paid　　　 Q1

　　 4　　　　　　　the same.

　　 5　Jonathan:　 *Still*, you should get the credit you deserve.　 Still, P2

　　 6　Simone:　　 You think?　　　　　　　　　　　　　　　 Q2

　　 7　Jonathan:　 I do.

　　　　　　　　　　　　　　　　　　　　　　(*All My Children* 2005 SOAP)

(11) では、2 行目の Greenlee の発話は、単に「理由」を問う質問 (information ques-
tion) ではなく、「自分が困惑するような理由なんてない」という Greenlee の対立心が含
意された発話である。それは、Greenlee が Lily の質問（1 行目）に答えるべき場所であ
えて聞き返していることから伝わる。しかし、Lily がその「理由」にあたる事柄を述べた
ため（3-5 行目）、Greenlee はそれに対抗している（6-7 行目）。*no reason to be over-*
whelmed（P2）は、P1 の含意を述べた発言である。(12) では、Jonathan は P2(*you*
should get the credit you deserve) で、P1 のポジションを別の言い方で主張している。
(11) と (12) のどちらにおいても、*still* は話し手が対話者のポジション（Q）に対立し、
「自分のポジション（P）を再主張する」ことを予見させている。

　(13) のように、*still* は対話者に好意的な対立を投射する場合もある。 しかしこの場合
も、*still* が「ポジションの再主張」を投射する点で変わりはない。

(13) 1　Carmen:　 Are you serious? I really have the job?

　　 2　Babe:　　　Yes. I really love the way you've been running the　P1

　　 3　　　　　　　house, and we're in desperate need of help. So, yes,

4		the job is yours.	
5	Carmen:	Oh. This is incredible! Wait. What will I be doing?	
6	Babe:	Well, we need help on the phones. They have been	
7		ringing off the hook.	
8		(Phone-rings)	
9	Babe:	Go ahead.	
10	Carmen:	Hola. This is Fusion. Carmen at your service.	
11		(To Babe) Wrong number.	Q1
12	Babe:	*Still*, you're like a natural.	Still, P2
13	Carmen:	Really?	Q2

(*All My Children* 2008 SOAP)

2-4 行目で Babe は、Carmen の切り盛りの仕方が気に入り、人手も必要なので Carmen に内定を決めたと述べる。その後 Babe の仕事内容が電話受付であると話した矢先、電話が鳴る（6-8 行目）。Carmen はその電話に対応するが、それが間違い電話であったことがわかる（10-11 行目）。しかし Babe は、*Still, you're like a natural*（それでも、あなたは適任のようだわ）と Carmen に好意的な発言をする。*Still* は、間違い電話という（ネガティブな）介在要素が生じたが、それでも Babe が Carmen について好意的な発言を述べる（P1 のポジションを主張する）ことを予測させている。[9]

　(14) では、*still* は二重の機能を果たしている。つまり、直前の対話者の発話に対する「反論」の投射と、「すでに主張したポジションの再主張」の投射である。この例では、Holden に抱いて欲しいと頼む Maeve と、それを拒否する Holden との間で対立が起こっている。

(14)	1	Maeve:	Make love to me.	
	2	Holden:	Maeve–	
	3	Maeve:	No. Please. I know what you're gonna say.	
	4		Can you do it for me? Just I want to know once	
	5		in my life what it's- what it's like to make love	
	6		to a good man, please.	
	7	Holden:	You will. But it can't be me.	
	8	Maeve:	But you're the only one here.	P1

---

[9] 発話頭用法と独立用法（ターン冒頭での使用）を合わせた談話標識 *still* の用例は全部で 1434 例見つかったが（cf. 3.4 節）、その中で好意的な対立を示す例は 56 例（4.53%）であった。この結果から、*still* が好意的な感情を持って発話されることは少なく、それは有標的な使用であるといえる。

```
 9   Holden:   Maeve, when we get out of here, we're gonna meet      Q1
10             plenty of good men. I promise you, you're gonna
11             have a life that you've always dreamed of.
12   Maeve:    I wish I could believe you.                          P2
13   Holden:   Ask anyone. I never lie.                             Q2
14   Maeve:    Still, you're the only one here.              Still, P3
15   Holden:   See? It's unanimous.                                 Q3
16   Maeve:    Okay. Just- et's just say we get out of here.
17             What do we do about Eb?
```

(As the World Turns 2009 SOAP)

まず、直前の対話者の発話への「反論」の投射機能を見る。*Still* を含む発話とそれに隣接した発話に着目する。

```
(14')  13   Holden:   Ask anyone. I never lie.              Q
       14   Maeve:    Still, you're the only one here.      P
       15   Holden:   See? It's unanimous.                  Q
```

「自分の言うこと（9-11 行目）は正しいから、誰でもいいから聞いてみな」と主張する Holden（13 行目）に対し、Maeve は「ここにはあなたしかいない（のだから、聞ける人なんていない）」と反論する（14 行目）。Maeve の *still* は、「聞いてみなと言うけど、あなたしかいない（から聞けない）」という対立を示し、Holden に対する「反論」を投射している。その反論を受け Holden は、「ほら、全員賛成だ（から自分の言うこと（9-11 行目）はやはり正しい）」と反論し返している（15 行目）。一方で、この *still* はより広範なやりとり（構造）上の機能も果たしている。14 行目の Maeve の発話は、8 行目（P1）の再主張と解すこともでき、この場合 *still* は（先の例で見てきたような）「ポジションの再主張」を投射している。(14″) のような構造になっている。

```
(14″)  7   Holden:   it can't be me.
        8   Maeve:    But you're the only one here.        P1
                              :
       13   Holden:   Ask anyone.                          Q2
       14   Maeve:    Still, you're the only one here.     Still, P3
```

7-8 行目のやりとりで、「（君を抱くのは）自分じゃない」と言われた Maeve は、「でもここにはあなたしかいない」と反論した。そしてその後、13 行目で「誰にでも聞いてみな」と言われ、「でもやっぱり、ここにはあなたしかいないじゃない」と P1 のポジションを再

度主張している。東森（2003: 4-5）は、談話連結詞（本稿の言う談話標識）*but* は新情報を導入するのに対し、*still* は通例聞き手が既に知っている旧情報を導入すると指摘する。8 行目で *but* が使われ、14 行目で *still* が使われている点に注目したい。*Still* は既出の情報である *you're the only one here* を繰り返すために用いられ、「ポジションの再主張」を投射しているといえる。[10]

　以上の分析から、発話頭用法 *still* には後続部（ポジションの再主張内容）を投射し、話し手が産出されつつある発話をもって「すでに主張したポジションの再主張」の対立行為を行うことを投射する機能があることがわかった。

3.3.　独立用法 *still* の行為遂行機能

　次に、独立用法 *still* を分析する。この *still* は後続部の投射機能を持たず、それが推論されることで、「すでに主張したポジションへの固執」という対立行為を遂行することを示す。

　(15) では、Tammy と Sandy が共通の知人である「彼」について話している。

(15)	1	Tammy:	He wants to be friends.	P1
	2	Sandy:	He wants to trouble us and remind us that	Q1
	3		he's much, much cooler than we are.	
	4	Tammy:	No, I saw something else. He's lonesome, Sandy.	P2
	5	Sandy:	He brought that on himself.	Q2
	6	Tammy:	*Still*.	Still (P3).
	7	Sandy:	Don't give in to him, Tammy.	Q3

(*Guiding Light* 2005 SOAP)

Tammy（4 行目）は「彼」は寂しいのだと主張するが、Sandy に自業自得だと言い返されたため（5 行目）、*Still.*（それでもよ）と自分のポジションに固執している。*Still* が伝達するメッセージ（P3）は、例えば (15′) で示すように推論（再建）可能である。

　(15′)　6　Tammy:　*Still* [I saw something in him].
　　　　　　　　　　　P3

P3 のようなメッセージが話し手の推意（含み）として聞き手に容易に解釈されることで、*still* はそれだけで話し手の言いたいことを伝える完結した（self-contained）発話となり、「ポジション P への固執」の対立行為を遂行（perform）する。7 行目では、Sandy は次の

---

[10] この例のように談話標識が二重の役割を果たすことは、先行研究でも示されている（e.g., Schiffrin (1987: 155-156) の *but* の分析）。

発言に移りさらに言い返しており、*still* が「固執」の行為を完了した発話と認識されたことが示されている。

　(16) では、聞き手が *still* の伝えるメッセージを解釈したことが発言内容からわかる。

(16)	1	Harley:	She's here. Eden is here. She's back.	
	2	Gus:	You didn't kick her out of the house?	P1
	3	Harley:	No, of course, not. That's stuff with Phillip	Q1
	4		and Zach is settled. None of that matters	
	5		anymore.	
	6	Gus:	*Still*. Still, *still*.	Still (P2). Still, still (P2).
	7	Harley:	Still nothing.	Q2

(Guiding Light 2003 SOAP)

Gus（2 行目）は、Harley に「彼女」を家から追い出さなかったのかと尋ねる。この質問には「追い出すと思っていたのになぜ」という Gus の驚きが含まれている。しかし Harley が追い出さなかったと答え、「Phillip と Zach のこと（「彼女」を追い出す要因）は解決したからもう問題ない」と述べたため、Gus は *still*.（それでもさ）と P1 のポジションに固執している。さらにその後で、*Still, still*.（それでも、それでもさ）と発話頭用法 *still* とメタ的な独立用法 *still* を述べる。注目したいのは、次の Harley の発話 *Still nothing* である。それは、「P1 のさらなる主張はないのだ」と Gus の独立用法 *still* が伝える P2 の存在を否定しており、Harley が P2 を推論したことがわかる。

　しかし中には、聞き手の聞き返しが起こることで、*still* が伝えるメッセージが後から開示されるケースも見られた。(17) はその一例である。Sami の元恋人で Arianna の兄でもある「彼」が話題となっている。

(17)	1	Arianna:	You really don't know where he is, do you?	P1
	2	Sami:	No. But I don't know why that's such a big	Q1
	3		surprise to you. I mean... we're broken up.	
	4	Arianna:	*Still*.	Still (P2).
	5	Sami:	Still what?	
	6	Arianna:	Don't you get it? My brother is in love with	P2
	7		you, Sami.	

(Days of Our Lives 2009 SOAP)

1 行目の Arianna の質問には、「恋人だったのだから彼の居所を知っていて当然なのに」という Arianna の Sami に対する不服が含意されている。しかし Sami が知らないと答え、なぜそれがそれほど驚くことなのかと対抗したため（2–3 行目）、Arianna は *Still*.（そ

れでもよ）と P1 のポジションに固執する。これに対し Sami は、*Still what?* と聞き返す。それは、*still* の伝えるメッセージ（P2）がわからずそれを確認している質問とも取れるが、「まだ、何なのよ」という Sami の多少の苛立ちや詰問を含んだ聞き返しとも解釈できる。その応答として、Arianna は 6-7 行目を述べており、それは、「（だから）兄の居所を知っていて当然よ」という P1 のポジションを再主張する P2 である。

　（18）も同様の例である。Nicole と子供を失った E.J. の会話である。

(18) 1	E.J.:	I've been impossible lately. I'm so sorry.	P1
2	Nicole:	Oh, EJ ... how could you not be impossible?	Q1
3		I mean, losing a child that you never even got to	
4		meet. It's- It's a terrible trauma, and I know that.	
5	E.J.:	*Still.*	Still（P2）.
6	Nicole:	What?	
7	E.J.:	I just- I don't see why it had to be such a ...	P2
8		tortuous ordeal.	
9	Nicole:	What do you mean? Why ... why wouldn't it?	Q2

(Days of Our Lives 2009 SOAP)

自分は最近どうしようもないと言う E.J.（1 行目）に、Nicole は子供を失うのは大変な精神的ショックだと同情する（2-4 行目）。しかし E.J. が *Still.* で P1 のポジションに固執したため、Nicole は *What?* と聞き返している（6 行目）。ここでは *what* に *still* が前置しておらず、「これだけ言ってあげているのに、次は何？」という Nicole の（多少の）苛立ちを含んだ聞き返しとして解釈できる。7-8 行目の E.J. の応答（P2）では、「（だから）私はどうしようもない」という P1 のポジションが主張されている。

　以上の分析から、独立用法 *still* は話し手のメッセージを暗示的に伝達し、「すでに主張したポジションへの固執」の対立行為を遂行することがわかった。しかし中には、聞き手の聞き返しが起こることで、メッセージが後から開示される場合もあることを示した。

3.4.　独立用法 *still* の行為投射的使用

　独立用法 *still* には、対立行為を「投射」する例も見られた。紙幅の関係上、そのような用例を 1 つだけ考察する。（19）は、Chelsea が Bo の車で事故を起こしてしまった後の会話である。

(19) 1	Chelsea:	... you must think that I'm the biggest loser	P1
2		in the world.	
3	Bo:	Oh, come on, stop it. It was a little accident.	Q1

4		It happens to everyone.	
5	Chelsea:	*Still.* I mean, you totally went out on a limb	Still. I mean, R
6		for me. You signed my temporary license,	
7		you even let me borrow your car,	
8		and then I go out and I hit something. I don't	P2
9		even know what it was or how it happened.	
10	Bo:	There's a lot of black ice out there tonight.	Q2

(*Days of Our Lives* 2006 SOAP)

自分は落ちこぼれだと自己卑下する Chelsea（1-2 行目）を、Bo はよくあることだからと慰めている（3-4 行目）。つまり、自虐された Chelsea のポジティブフェイス（Brown and Levinson 1987）が、Bo によって回復されている。このために、Chelsea はそれへの返礼として Bo にもポジティブフェイスを与える必要性が生じた。それが *still* の後の前半部分（*I mean, you totally ... your car*）でなされており、Bo が Chelsea のためにしてくれたことが言及されている。(19′) のように図式化できる（*you totally ... your car* の部分を R で示す）。

(19′)　1-2　C:　P1　（自己のポジティブフェイスの侵害）

　　　　3-4　B:　Q1　（C のポジティブフェイスの救済）

　　　　5-9　C:　*Still. I mean, R, and* P2

　　　　　　　　（B にポジティブ
　　　　　　　　フェイスを与える）

R の後の部分（8-9 行目）では、1-2 行目（P1）の言い換えとも取れる発言、つまり P2 が述べられている。このように、Chelsea は *I mean,* R と補足してから（Bo にポジティブフェイスを与えてから）、P2 を述べ P1 の再主張を行っている。*Still* は、ターン冒頭に（最初のターン構成単位として）位置し、Chelsea が行うそうした行為の「早期の投射」（事前予告）を行っている。つまり、話し手は *still* を発言し、P2 の産出（ポジション P の再主張）をすることを投射しておくことで、相互作用上先に行うことが必要となった R の産出をするためのターンスペースを確保しているのである。[11] (19″) のように図式化できる。

---

[11] この部分の分析は、林（2008）を参考にした。

　　　　　　　　　　　　　　確保

(19″)　5　Chelsea:　*Still*. I mean, you totally went out on a limb　　Still. I mean, R

　　　6　　　　　　投射　for me. You signed my temporary license,

　　　7　　　　　　　　　you even let me borrow your car,

　　　8　　　　　　　　　and then I go out and I hit something. I don't　P2

　　　9　　　　　　　　　even know what it was or how it happened.

　　　10　Bo:　　　　　There's a lot of black ice out there tonight.　　Q2

(*Days of Our Lives* 2006 SOAP)

10 行目で Bo が再び Chelsea をかばう発言（ポジション Q の再主張）をしており、ここから、5-9 行目の発言をもって Chelsea の対立行為が完了したと認識されていることがわかる。

　このように、独立用法 *still* は、行為投射のために使用される場合もある。しかし、その使用は (19) で見たポライトネス的な事情への対処といった特定の語用論的事象と不可分に現れるように思われ、生起環境が限定的である。また、そうした使用は数例しか観察されず（cf. 3.4 節）、*still* に確立した使用（機能）と言うよりは、相互作用レベルのテクニックと考えられるかもしれない。

3.4.　分析のまとめ

　3 節では、談話標識 *still* の発話頭用法と独立用法の行為構造における機能を分析した。結果は表 1 のようにまとめられる。

用法	行為構造における機能	例	頻度（割合）	
発話頭用法	対立行為の**投射**	(10) (11) (12) (13) (14)	1344 例 (93.7%)	1434 例 (100%)
独立用法	対立行為の**遂行**	(15) (16)|(17) (18)	78 例 | 4 例 (5.7%)	
	投射	(19)	8 例 (0.6%)	

表 1：SOAP に見る談話標識 *still* の用法と行為構造における機能

発話頭用法 *still* は、後続部（ポジションの再主張内容）を投射し、産出されつつある発話が行う対立行為、すなわち「すでに主張したポジションの再主張」を投射した。これは、小野寺（2014: 18-20 他）が提案する「左の周辺部（発話頭）の談話標識がこれから行われる行為を知らせる」機能に相当するといえる（cf. 1 節）。発話頭用法と独立用法（ターン冒頭での使用）を合わせた談話標識 *still* の用例は全部で 1434 例見つかり、その中で発話頭用法は 1344 例（93.7%）を占めていた。一方で、独立用法 *still* は、それが伝えるメッセージが推意として解釈され、「すでに主張したポジションへの固執」の対立行為を遂行

した。中には、聞き手の聞き返しがなされたためにメッセージが後から開示されるケースもあったが（ex. (17) (18)）、そうした用例は 4 件しか見つからず、おそらく「話し手の固執に聞き手が苛立つ」といった特別な状況が生じた場合にのみ開示がなされると考えられる。また、独立用法 *still* の行為投射的使用も見られた（ex. (19)）。この *still* は最初のターン構成単位をなし、これから行われる対立行為をあらかじめ投射する一方で、その行為達成のために事前に行うべき活動（ex. ポライトネス事情への対処）のためのターンスペースを確保した。だが、こうした用例はわずか 8 例（0.6%）しか観察されず、それが *still* に確立した使用（機能）であるかはさらなる検証が必要である。

4.　談話標識 *still* の用法と行為構造における機能の発達

　3 節では、現代英語を対象に談話標識 *still*（発話頭用法と独立用法）の行為構造における機能を明らかにした。では、それらの用法と機能は歴史的にどのように発達してきたのか。本節ではそれをコーパス調査により実証し（4.1, 4.2 節）、その発達過程について考察する（4.3 節）。

4.1.　コーパス調査：結果と分析

　主なデータソースとして COHA を使用する。COHA は、後期近代英語から現代英語[12]までの約 2 世紀（1810-2009）に渡るアメリカ英語資料を収録した大規模な通時的コーパスである。

　データ収集は以下の手順で行った。まず、データの種類を SOAP（ドラマの台本）と一貫させるため、COHA に収録されるジャンルの中でも「FICTION」に限定し、さらに小説の会話部分から用例を集めることにした。こうすることで、「話しことばの書かれた記録」（Rissanen 1986, Jacobs and Jucker 1995: 7 より引用）としてデータを一貫させることができる。会話部分から用例を集めるため、先頭に引用符（"）を付けた検索式を使用した。これにより、抽出される用例の大多数をターン冒頭部に絞り込むことができる。しかし、検索式 " still , と " still . を使用すると、例えば（21a, b）のような例は抽出されるが、(20c, d) のような引用符と *still* の間に他の形式が介在する例は抽出できない。

(20)　a.　"*Still*, Margaret, there is a cause of fear which you …

(*Beauchampe* 1842 COHA)

　　　b.　"*Still*." She closed his book and slide him down …

---

[12] 本研究では以下のように時代を区分する。古英語：450-1100、中英語：1100-1500、初期近代英語：1500-1700、後期近代英語：1700-1950、現代英語：1950-現在。

(*After Rosa Parks* 1995 COHA)

c. "Well, *still*," the man said doggedly, "I think I'll just …

(*Morgan's Passing* 1980 COHA)

d. "But *still*." Persephone flicked an ear back to …

(*Untamed: a house of night novel* 2008 COHA)

そこで、まずは SOAP から集めたデータを対象に、各用法の *still* の共起語を調べ、生起パターンを特定した。表2は、各用法の上位4パターン（計8パターン）を提示している。

	発話頭用法	素頻度	独立用法	素頻度
1	*Still,*	858	*Still.*	50
2	*But still,*	199	*But still.*	10
3	*Well, still,*	109	*Yeah, but still.*	6
4	*Yeah, but still,*	64	*Well, still.*	4
合計		1150		70

表2：SOAP における談話標識 *still* の共起パターン

COHA では、この8つのパターンの先頭に引用符をつけた検索式を使用した。抽出された用例の中から、対象となる例を手作業で収集した。今回の調査では *Still,* と *Still.* の2つに加えて、より多様な例を見る目的で他の語句が付随した用例も調査することにした。表2は、興味深い結果を提示している。両用法とも *still* が単独で用いられる場合が圧倒的に多く、次に *but* との共起が多い。また、順位の逆転があるものの、どちらも *well* と *yeah, but* との共起が3, 4位となっている。この結果から、2つの用法に何らかの発達上の関係があることが推測できる。[13]

　表3は COHA の分析結果であり、談話標識 *still* の用法の史的発達をまとめたものである。なお、数値は各年代における各パターンの素頻度を表している。太字ではない数値は発話頭用法、太字の数値は独立用法の生起数を表している。[14]

---

　[13] また、*yeah* と *well* は談話構造化標識（discourse structuring marker）（Fischer 2010）や非優先的応答（dispreferred response）（Schegloff 2007: 63–73）の特徴に相当しそうである。こうした語との共起やコロケーションの問題については今後検証していきたい。

　[14] *Yeah, but still,* については、先頭に引用符を付けて検索したところ用例が得られなかった。そこで、引用符を付けずに検索したところ、演劇の台本から1つ用例が得られた（FUTHER LUX Yeah, but *still,* it's over. [Our Lady of 212st Street 2002 COHA]）。*Yeah, but still,* に引用符がついていないのはこの理由による。また、*Still.* から発話頭用法が4例見つかっているが、それらは "*Still* … she died of monoxiside gas," (Ill Met By Moonlight 1937 COHA) のように *still* の後にポーズ（…）が続いている例である。

年代 / パターン	1810s	1820s	1830s	1840s	1850s	1860s	1870s	1880s	1890s	1900s	1910s	1920s	1930s	1940s	1950s	1960s	1970s	1980s	1990s	2000s	合計
"Still,		5	8	12	17	25	26	37	30	32	48	55	36	361(1)*	48	45｜1	34｜2	60｜1	35｜2	55｜3	644｜9(1)
"But Still,				5		2	1	1	1		1	3	2		6	3	6		2		33
"Well, still,																1			1	1	2｜2
Yeah, but still,																				1	1
"Still.												1		1	1	2	1｜11	4	2		4｜19
"But still.																1		1	1		3
"Yeah, but still.																					0
"Well, still.																					0
合計 発話頭		5	8	12	22	25	28	38	31	33	48	56	40	38	49	53	37	68	35	58	684
合計 独立														(1)		1	5	2	8	7	23(1)　708

*(1) は発話頭用法とも解釈可能な例

表 3：COHA に見る談話標識 *still* の用法の史的発達

表 2 と表 3 の結果、すなわち SOAP (2001-2012) と COHA (1810-2009) を比較し、発話頭用法と独立用法の出現数が通時的にどのように変わってきたかを調べる。しかし 1 つ問題となるのは、SOAP の期間が COHA の期間ほとんど重複する点である。そこで、COHA（表 3）から「2000s」の部分を除いた数で COHA の部分集合をつくり、SOAP と COHA（の部分集合）における 2 用法の出現頻度を比較した。表 4 のクロス表に示す。

表 4：SOAP と COHA における 2 用法の出現頻度

	発話頭用法	独立用法
COHA	626	17
SOAP	1150	70
	N = 1863	

表 4 にカイ二乗検定を施したところ、1% 水準で有意であった（$\chi^2(1) = 8.372, p < .01$）。さらに、残差分析によって個々の度数の効果を調べたところ、4 つの数値すべてが 1% 水準で有意であり、具体的には、「相対的に、COHA で発話頭用法が多く、SOAP で独立用法が多い」ことを示す結果を得た。[15] このことは、独立用法がここ 20 年程度の近い時代において発達しているということを明確に示している。

　表 3 から、独立用法は 1960 年代ないし 1970 年代ごろからよく使われるようになったことがわかる。注目したいのは、その用法の初出が *Still,* のパターンから見つかり、またそのパターンから 10 例（1 例は曖昧な例）得られたことである。つまり、発話頭用法で最も多く用いられてきたパターンから独立用法が始まり、多くの用例が観察された。また、*Well, still,* の独立用法の 2 例を合わせると、*still* にカンマが続くパターンによる独立用法は半数を占める。4.2 節では、この旧用法、つまり、（発話頭用法のように）カンマが続くが独立用法の機能を持つ *still* を見る。

15　統計処理は js-STAR version 8.9.3j で行った。http://www.kisnet.or.jp/nappa/software/star/freq/chisq_ixj.htm#

4.2.　独立用法 *still* の旧用法

（21）は、1960 年代から見つかった用例である。

(21) 1	On Monday she told Mr. Valerio that working in Dale's	P1
2	Dairy Bar at night and having band practice in the	
3	afternoons wasn't giving her time enough to study.	
4	"But we finish by four-thirty."	Q1
5	"*Still*," she said, looking away.	Still, (P2)
6	"But you managed last year, Lucy. And on the honor roll."	Q2

（*When She Was Good* 1967 COHA）

Still（5 行目）にはカンマが続いているが、その後続部（P2）は産出されていない。1-3 行目から、Lucy（*still* の話者）は、夜はバーで働き午後はバンドの練習をしているために十分な勉強時間がとれないという不平（P1）を述べたことがわかるが、Mr. Valerio に反論されてしまったため（4 行目）、*still* で P1 のポジションに固執している。6 行目で聞き手（Mr. Valerio）は、*still* をその行為（およびターン）を完了した発話と認識して次の発言（"*But you managed …*"）に移っていると読むことができる。この *still* は独立用法の機能を持つといえる。

　（22）は、1980 年代からの用例である。ここでは *Still,* と *Still.* の両方による独立用法が見られる。レアド（Lared）とその父親が「あの人たち」について話している。なお、紙幅の関係上、途中一部を省略してある。[16]

(22) 1	"Let them stay. Please."	P1
2	Father's expression darkened, and he pulled the bar	
3	from the fire and again began to beat it into a sickle.	
4	"They talk with your voice, Lared."	Q1
	：	
	：《複数行に渡る父親の反対》	
	：	
5	"*Still*," said Lared. He handed the whetstone to his	Still, (P2)
6	father, to work an edge onto the iron.	
7	"Still what?"	

[16] COHA が提示するこの用例の書誌情報が間違っていた。COHA では書名は *The Worthington Chronicle* となっているが、正しくは *The Worthing Chronicle* である。なお、当小説は現在絶版であり、*The Worthings Saga*（1990）（Orson Scott Card 作）の一部として収録されている。

8　　"*Still*. If they want to stay, how can you stop them?"　　　　Still (P2). P2

9　　"Do you think I'd let them stay from fear?"　　　　　　　　Q2

(*The worthington chronicle* 1983 COHA)

「あの人たちを置いてあげて。おねがい」[17]（1 行目）とレアドが頼むが、父親は反対する（4 行目とそれ以降）。レアドはそれに *Still,*（5 行目）と述べ P1 のポジションに固執している。そしてその後の地の文から父親に砥石を渡していることがわかり、この行動からレアドの固執の（発話）行為が *still* の発言をもって完結したことがわかる。しかし父親が *Still what?* と尋ねたため（7 行目）、レアドは *Still.*（でもはでもだよ）とメタ的に固執を繰り返している（8 行目）。その後で P2(*If they want to stay, how can you stop them?*) を述べており、それは、「きっと止められないだろうから、あの人たちを置いてあげて」という P1 のポジションに固執する発言である。

　こうした用例が早期に多く観察されることは、独立用法が発話頭用法から発達していったことを裏付ける一つの証拠となる。繰り返さなくても容易に想起してもらえると判断したメッセージを、後続部として投射せずに収める表現法として、独立用法が分化していったと考えていいように思われる。また、(22) は (17) と (18) で見たような、聞き手の聞き返しが起こることで *still* のメッセージが開示されていく例であるが、このタイプの用例はこの一例しか見つからなかった。さらに、3.3 節で見た独立用法の行為投射的使用は一例も見られず、現代（SOAP）のデータからも数例しか観察されなかった事実を合わせると（cf. 3.4 節）、それは現代のかなり後になって生じた新たな使われ方なのではないかと推察できる。現代英語において独立用法 *still* が機能上、分化の途上にあるとも言えるかもしれない。

　以上の分析により、談話標識 *still* は、後期近代英語から現代英語にかけて発話頭用法から独立用法を発達させてきたことを示した。そして重要なのは、この発達が、*still* の「行為投射をする形式から行為投射と行為遂行の両機能を担う形式への変化」である点である。4.3 節では最後に、この *still* の行為構造における機能の発達について考察する。

4.3.　談話標識 *still* の語用論的機能の拡張

　談話標識 *still* の機能発達を考察するにあたり、まずは副詞 *still* が古英語からどのように発達してきたかを観察する。König and Traugott (1982) は、*still* が図 2 のような意味変遷を遂げてきたことを明らかにしている。

---

[17] この例の日本語訳は、オースン・スコット　カード（著）／Orson Scott Card（原著）／大森　望（訳）『神の熱い眠り』（ハヤカワ文庫 SF—ワーシング年代記、1995/5）から引用した。

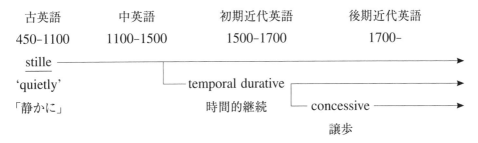

図 2：副詞 *still* の意味変遷（König and Traugott 1982: 173［日本語は筆者］）[18]

古英語ではもっぱら 'quietly' を意味していた *still(e)* が、中英語になると時間的意味を獲得し、さらに初期近代英語で譲歩の意味を持つようになる。譲歩への意味拡張は、事実を描写する客観的意味（時間的継続）から話し手の主観的態度や評価を表す意味への発達であり、守屋（2007: 5-6）はこれを文法化の特徴である主観化（subjectification）（Traugott 1988; Traugott and Dasher 2002）であると指摘する。それは、語用論的意味（連結的（textual）意味・表出的（expressive）意味（Traugott 1982, 1989; cf. Brinton 1996））を獲得する変化と言うこともできそうである。さらに、*Oxford English Dictionary*（以下 OED）を調べると、*still* はもともと節内副詞から始まっていることがわかる（OED, s.v. still, adverb）。

　これらの知見に前節までの分析結果を合わせると、*still* の意味・機能の発達を以下のように図式化できる。

古英語	中英語		近代英語		現代英語
450-1100	1500s		1700s		1960-70s
'quietly'	> temporal durative	>	concessive		
「静かに」	時間的継続		譲歩		
命題的意味	>	> 主観化	語用論的意味		
節内副詞			談話標識		
			発話頭用法	>	**発話頭用法**
					独立用法
語用論的力を持たない		>	語用論的力を持つ		
行為構造における機能なし			**行為投射**	>	**行為投射**
					行為遂行

図 3：*Still* の意味・機能の発達

---

[18] 原文では "quietly" とダブル引用符が使われているが、本稿ではシングル引用符を用いる。

客観的意味（‘quietly’）を持つ動詞を修飾する節内副詞であったということは、*still* は当初語用論的力を持たなかった。しかし、譲歩の意味を獲得することでその力を得る。さらに、談話標識 *still* が発話頭用法から独立用法を発達させることで、対立行為を投射する形式から投射と遂行の両方を行う形式へと発達する。この行為構造における機能の発達は、*still* の語用論的機能の拡張と言うことができるだろう。また、もし 3.3 節で見たような独立用法の行為投射的使用が確立していくならば、それは *still* のさらなる機能拡張と言えるかもしれない。

5.　結語

　本稿では、アメリカ英語を対象とし、談話における相互作用の観点から談話標識 *still*（発話頭用法と独立用法）の行為構造における機能を明らかにした（3 節）。発話頭用法 *still* は、「すでに主張したポジションを再主張する」という話し手の対立行為を投射する機能を持つ一方で、独立用法 *still* はそうした行為を遂行することがわかった。また、独立用法 *still* の中には行為投射をするものも観察されたが、その使用は生起環境が限定的であり、また数例しか観察されなかったことから、*still* に確立した使用（機能）であるかはさらなる検証が必要である点も論じた。通時的調査（4 節）では、談話標識 *still* は後期近代英語から現代英語にかけて発話頭用法から独立用法を発達させ、ここ 20 年程度の近い時代において独立用法を増加させていることを示した。そして、この変化は *still* が行為投射をする形式から投射と遂行の両方を行う形式へと発達した変化であり、それが語用論的機能の拡張であると論じた。

　本研究により、相互作用的観点からの通時的語用論研究の一ケーススタディを提供することができた。談話標識 *still* の機能は連鎖（文脈）に依存的であり、話者たちのやりとりを前提として実現する。その新たな用法・機能が相互作用を基盤として生じていった可能性を示した。今後の課題としては、本稿が明らかにした *still* の発達プロセスが既存の理論（例えば文法化や語用論化）の枠組みでどのように説明されるか（あるいはされないのか）を検討すること、そして、それらのプロセスが他の言語形式にも同様に見られるかを検証することなどが挙げられる。

参照文献

Auer, P. 2005. "Projection in Interaction and Projection in Grammar." *Text* 25(1), 7–36.
Beeching, K. and U. Detges (eds.). 2014. *Discourse Functions at the Left and Right Periphery: Crosslinguistic Investigations of Language Use and Language Change.* Leiden: Brill.
Bell, D. M. 1998. "Cancellative Discourse Markers: A Core/Periphery Approach." *Pragmat-*

ics 8(4), 515–541.

Bell, D. M. 2010. "*Nevertheless*, *Still*, and *Yet*: Concessive Cancellative Discourse Markers." *Journal of Pragmatics* 42, 1912–1927.

Biber, D., S. Johansson, G. Leech, S. Conrad, E. Finegan. 1999. *Longman Grammar of Spoken and Written English*. London: Longman.

Borkin, A. 1980. "On Some Conjunctions Signaling Dissonance in Written Expository English." *Studia Anglica Posnanensia* 12, 47–59.

Brinton, L. J. 1996. *Pragmatic Markers in English: Grammaticalization and Discourse Functions*. Berlin: Mouton de Gruyter.

Brown, P. and S. C. Levinson. 1987. *Politeness: Some Universals in Language Usage*. Cambridge: Cambridge University Press.

Couper-Kuhlen, E. 2011. "Grammaticalization and Conversation." In Narrog, H. and B. Heine (eds.) *The Oxford Handbook of Grammaticalization*, 424–437. Oxford: Oxford University Press.

Couper-Kuhlen, E. and S. A. Thompson. 2000. "Concessive Patterns in Conversation." In Couper-Kuhlen, E. and B. Kortmann (eds.) *Cause-Condition-Concession-Contrast: Cognitive and Discourse Perspectives*, 381–410. Berlin; New York: Mouton de Gruyter.

Crupi, C. D. 2004. *But Still a Yet: The Quest for Constant Semantic Value for English" Yet."* Unpublished Ed Doc dissertation, Graduate School of Education: Rutgers University.

デクラーク, レナート／安井稔 (訳). 2011.『現代英文法総論』、東京：開拓社.

Fischer, K. 2010. "Beyond the Sentence: Constructions, Frames, and Spoken Interaction." *Constructions and Frames* 2(2), 185–207.

Fraser, B. 1996. "Pragmatic Markers." *Pragmatics* 6(2), 167–190.

Fraser, B. 2009. "An Account of Discourse Markers." *International Review of Pragmatics* 1, 293–320.

Grosz, B. and C. L. Sidner. 1980. "Attention, Intentions, and the Structure of Discourse." *Computational Linguistics* 12, 175–204.

Günthner, S. 2016. "Concessive Patterns in Interaction: Uses of *Zwar … Aber* ('True … But')-Constructions in Everyday Spoken German." *Language Sciences* 58, 144–162.

Halliday, M. A. K. and R. Hasan. 1976. *Cohesion in English*. London; New York: Longman Group.

Hansen, Maj-Britt M. 2008. *Particles at the Semantics/Pragmatics Interface: Synchronic and Diachronic Issues: A Study with Special Reference to the French Phasal Adverbs*. Amsterdam: Elsevier.

林誠. 2008.「相互行為の資源としての投射と文法――指示詞『あれ』の行為投射的用法をめぐって――」、『社会言語科学』10(2)、16–28.

Higashiizumi, Y. 2016. "The Development of Confirmation/Agreement Markers Away from the PR in Japanese." *Journal of Historical Pragmatics* 17(2), 282–306.

東森勲. 2003.「シェークスピアの作品における談話のつなぎ語の意味と文法化」、『談話連結詞の通時的研究：文法化を関連性理論で説明』、1–22、龍谷大学：東森勲.

Hirtle, W. H. 1977. "*Already*, *Still*, and *Yet*." *Archivum Linguisticum* 8, 28–45.

Jacobs, A. and A. H. Jucker. 1995. "The Historical Perspective in Pragmatics." In Jucker A. H. (ed.) *Historical Pragmatics. Pragmatic Developments in the History of English*, 3–33. Amsterdam: John Benjamins.

König, E. 1977. "Temporal and Nontemporal Uses of *Noch* and *Schon* in German." *Linguistics and Philosophy* 1, 173–198.

König, E. and E. C. Traugott. 1982. "Divergence and Apparent Convergence in the Development of *Yet* and *Still*." In Macaulay, M., O. Gensler, and C. Brugman (eds.) *Proceedings of the Eighth Annual Meeting of the Berkeley Linguistics Society*, 170–179. Berkeley, California: Berkeley Linguistics Society.

Michaelis, L. A. 1993. "'Continuity' across Three Scalar Domains: The Polysemy of Adverbial *Still*." *Journal of Semantics* 10, 193–237.

守屋哲治. 2007. 「継続相を表す副詞の意味拡張パターンの研究：認知言語学・言語類型論の観点から」、『金沢大学教育学部紀要（人文・社会科学編）』56、1–12.

大橋浩. 2015. 「譲歩への変化と譲歩からの変化」、『日本認知言語学会論文集』15、18–30.

Ohori, T. 1998. "Close to the Edge: A Commentary on Horie's Paper." In Ohori, T. (ed.) *Studies in Japanese Grammaticalization: Cognitive and Discourse Perspectives*, 193–197. Tokyo: Kurosio Syuppan.

Ohori, T. 2000. "Framing Effect in Japanese Non-Final Clauses: Toward an Optimal Grammar-Pragmatics Interface." In Juge, M. L. and J. L. Moxley (eds.) *Proceedings of the Twenty-Third Annual Meeting of the Berkeley Linguistics Society*, 471–480. General Session and Parasession on Pragmatics and Grammatical Structure.

小野寺典子. 2014. 「談話標識の文法化をめぐる議論と『周辺部』という考え方」、金水敏・高田博行・椎名美智（編）『歴史語用論の世界』、3-27、東京：ひつじ書房.

小野寺典子（編）. 2017a. 『発話のはじめと終わり─語用論的調節のなされる場所』、東京：ひつじ書房.

小野寺典子. 2017b. 「語用論的調節・文法化・構文化の起きる周辺部─『こと』の発達を例に」、小野寺典子（編）『発話のはじめと終わり─語用論的調節のなされる場所』、99-118、東京：ひつじ書房.

Oxford Advanced Learner's Dictionary. 2005. 7th edn. Oxford: Oxford University Press.

Oxford English Dictionary. 2005. Oxford: Oxford University Press. 3rd edn available online at http://www.oed.com.

Polanyi, L. and R. Scha. 1983. "The Syntax of Discourse." *Text* 3, 243–281.

Pomerantz, A. 1984. "Agreeing and Disagreeing with Assessments: Some Features of Preferred/Dispreferred Turn Shapes." In Atkinson, J. M. and J. Heritage (eds.) *Structures of Social Action: Studies in Conversation Analysis*, 57–101. Cambridge: Cambridge University Press.

Quirk, R., S. Greenbaum, G. Leech, and J. Svartvik. 1972. *A Grammar of Contemporary English*. London: Longman.

Quirk, R., S. Greenbaum, G. Leech, and J. Svartvik. 1985. *A Comprehensive Grammar of the English Language*. London: Longman.

Redeker, G. 1990. "Ideational and Pragmatic Markers." *Journal of Pragmatics* 14, 367–381.

Rissanen, M. 1986. "Variation and the Study of English Historical Syntax." In Sankoff, D. (ed.) *Diversity and Diachrony*, 97–109. Amsterdam: John Benjamins.

澤田淳・小野寺典子・東泉裕子. 2017.「周辺部研究の基礎知識」、小野寺典子（編）『発話のはじめと終わり—語用論的調節のなされる場所』、3–54、東京：ひつじ書房.

Schegloff, E. A. 2007. *Sequence Organization in Interaction*. Cambridge: Cambridge University Press.

Schiffrin, D. 1987. *Discourse Markers*. Cambridge: Cambridge University Press.

Traugott, E. C. 1982. "From Propositional to Textual and Expressive Meanings: Same Semantic-Pragmatic Aspects of Grammaticalization." In Lehman, W. P. and Y. Malkiel (eds.) *Perspectives on Historical Linguistics*, 245–271. Amsterdam: John Benjamins.

Traugott, E. C. 1988. "Pragmatic Strengthening and Grammaticalization." In Axmaker, S., A. Jaisser, and H. Singmaster (eds.) *Proceedings of the Fourteenth Annual Meeting of the Berkeley Linguistics Society*, 406–416. Berkeley: Berkeley Linguistics Society.

Traugott, E. C. 1989. "On the Rise of Epistemic Meanings in English: An Example of Subjectification in Semantic Change." *Language* 65, 31–55.

Traugott, E. C. 2003. "Constructions in Grammaticalization." In Joseph, B. D. and Richard D. J. (eds.) *The Handbook of Historical Linguistics*, 624–627. Oxford: Blackwell.

トラウゴット，エリザベス・クロス／柴﨑礼士郎（訳）. 2017.「『周辺部』と同領域に生起する語用論標識の構文的考察」、小野寺典子（編）『発話のはじめと終わり—語用論的調節のなされる場所』、75–98、東京：ひつじ書房.

Traugott, E. C. and R. B. Dasher. 2002. *Regularity in Semantic Change* (Cambridge Studies in Linguistics 96). Cambridge: Cambridge University Press.

コーパス

The Corpus of Historical American English 1810-2009(COHA), Brigham Young University, U.S.A. (Mark Davies).

The Corpus of American Soap Operas 2001-2012(SOAP), Brigham Young University, U.S.A. (Mark Davies).

『語用論研究』第 19 号（2017 年）pp. 80-89
© 2017 年　日本語用論学会

〈一般投稿論文〉［研究ノート］

「も」の繰り上げ現象についての考察
─その選好要因と談話的機能をめぐって─*

稲　吉　真　子

北海道大学大学院

The purpose of this study is to examines the preferential reasons that are used for the raising position of the focus particle 'mo' in Japanese. The following three factors were considered: first, the promotion of interpretation processing and its predictability display the speaker's synchronous stance in discourse. Second, for a wide interpretation, with the help of context. Finally, to avoid a complicated language form. The first two factors benefit the listener, and the third, the speaker. Thus, because there are advantages from both standpoints, a preference has evolved.

キーワード：　解釈処理の促進、予告性、談話的機能、解釈の増加と文脈の利用、形式の複雑化回避と簡略化

1.　繰り上げ現象について

1.1.　本研究の対象と目的

　格助詞の後接対象が名詞、もしくは名詞＋格助詞に限られるのに対して、とりたて詞は、名詞、副詞、述語、他のとりたて詞との結合など、多様な品詞に後接することができる。とりたて詞の後接関係に関する先行研究には、沼田・徐（1995）や青柳（2006）などがあり、主に焦点（focus）や作用域（scope）の観点から、後接する位置関係やそれに伴う作用域、移動についての統語的考察がなされてきた。しかしそれらの成果だけでは、以下の（1）の例に見られるような、後接位置の違いにおける選好性（preference）を説明することができない。

(1)　a.　時間も遅いから今日は帰ろうか。
　　　b.　時間が遅いこともあるから今日は帰ろうか。

---

　* 本稿は、第 19 回日本語用論学会での口頭発表を加筆修正したものである。発表においてコメントを下さった方々をはじめ、投稿時にご助言を下さった査読者の方々や編集委員会の方々に、この場を借りて心より感謝申し上げたい。

　一般的に「も」の基本的な用法は、「文中のある要素をとりたてて、同類のほかのものにその要素を加えるという意味を表す」こととされる（日本語記述文法研究会 2009: 20）。いわゆる累加の用法であるが、この観点から（1）の例を分析すると、（1a）では時間の他に「遅い物事」があると解釈できる。しかし、実際の意味では、（1b）の「時間が遅いこともある」のように、他の「帰るべき理由」が同類のものとして想定されている。つまりここでは、意味的には節をとりたてているのに対し、形式上は語句に「も」が後接するという点で齟齬が生じていることになる。累加は通常、「も」が後接している要素をとりたてるのが基本であるため、対応関係にあるのは（1b）だと言えるが、運用上無標なのは（1a）である。

　本稿では、このように「も」の運用において（1a）のような例が選好される要因について、語用論的立場から3つの要因を提示し検討する。

1.2.　類似する現象

　「も」の使用に生じるような後接位置の移動現象は、英語の否定辞繰り上げ（Neg-raising）に類似する点がある。

(2)　a.　I don't think he is reliable.

　　　b.　I++>[1]　I think he is not reliable.

英語の否定辞繰り上げとは、（2）の例に見るように、後方にある否定辞が前方に繰り上げられて使用されることを指す。これを広く、形式が後方から前方へ移動する現象と捉えれば、（1）も同様の移動を辿っていると言えるが、（2a）と（2b）には、構造的な差異の他に、それぞれが伝達する解釈の対応関係にも違いがある。

　これについて、Levinson (2000) の「情報提供の原理（Principle of Informativeness）：I 原理（I-Principle）」[2] を参照する。I 原理とは、話し手が最小化して発話した内容を聞き手が増幅させて解釈するという、発話の情報提供性に関する格率である。その中の一例と

---

　[1] "++>" は伝達する（「言われたこと」＋「推意されたこと」の和）の意。ここでは "I++>" となっているため、「I 原理化で伝達する」の意。

　[2] I-Principle

　　Speaker's maxim: the maxim of Minimization. "Say as little as necessary"; that is, produce the minimal linguistic information sufficient to achieve your communicational ends (bearing Q in mind).

　　Recipient's corollary: the Enrichment Rule. Amplify the informational content of the speaker's utterance, by finding the most specific interpretation, up to what you judge to be the speaker's m-intended point, unless the speaker has broken the maxim of Minimization by using a marker or prolix expression. (Levinson 2000: 114)

して、弱い矛盾を表す否定は、否定が強化された上で解釈されることが指摘されている。つまり、反対を表す強い否定である否定辞繰り上げは、その中に弱い矛盾を表す I 伝達を含むため、結果的に 2 通りの意味に解釈することが可能であるとされる。その一方で、(2b) の発話から (2a) の解釈を得ることはできない。このことから、否定辞繰り上げは、文字通りの読みより情報提供的（informative）であるとも言われる。以上のような関係性は、「も」の繰り上げ現象に関しても同様で、(1a) は (1b) の意味にも解釈可能である一方で、(1b) は (1a) の意味には解釈できない。したがって、情報提供性の観点からも、英語の否定辞繰り上げと同様の現象であると言える。

1.3.　現象の比較から生じる課題

　このように、移動の位置関係や伝達される意味の観点から考察すると、現象的には同様の類とする見方も可能ではあるが、英語と日本語では言語構造に大きな違いがある。英語は主要部左方型言語であり、文意味の決定において重要な要素が左方部に出現するのは、いわば理に適った現象であると言える。一方で、日本語は主要部右方型言語であり、なぜ日本語においても同様の繰り上げ現象が生じるのか、またそれが選好されるのかについては、別の要因が関与している可能性が考えられる。

　そこで本稿では、繰り上げが選好される要因やそれがもたらす効果の点から、①解釈処理の促進、②解釈の増加と文脈の利用、③形式の複雑化回避と簡略化、の 3 点を提示し、それに基づき考察する。

2.　繰り上げ現象が生じる要因

2.1.　解釈処理の促進

　位置の繰り上げが解釈処理に与える影響には、少なくとも 2 つの側面がある。1 つは、次に出現する要素や内容に関する情報を予告的に表示することで、聞き手に注意を向けさせ、解釈処理の促進を補助する面である。その一方で、早い段階で情報を提示することにより、かえって解釈に負担が生じる可能性もある。言語形式は発話された時点から処理されていくため、文意味を理解する上での要素がほぼ未出の段階で情報を提示すれば、その分聞き手が解釈を誤解して処理する可能性も高まる。加えてその場合、再解釈という余計な負担が発生する可能性さえある。

　繰り上げが選好されるのは、この 2 つの側面の内、それにより生じる利益の方が優位に作用するためであると考える。以下では、この効果について、予告性の性質と、それにより生じる談話的機能の観点から詳しく考察する。

2.1.1. 予告性

　以下の（3）は、同一の前件に対しそれぞれ異なる後件が後続しているが、いずれも文としては成立している。これらを文として成立させるためには、対象の要素が同一範疇[3]に属すると判断できることが必要となるが、この判断には2種類のものがあると考える。

> （3）　a.　太郎も A 大学に合格した。次郎も A 大学に合格した。
> 　　　　b.　太郎も A 大学に合格した。花子も B 大学に合格した。
> 　　　　c.　太郎も A 大学に合格した。三郎も就職が決まった。
> 　　　　d.　太郎も A 大学に合格した。桜のつぼみも膨らみ始めた。

1つは（3a）や（3b）のように、ともに同じ述語を有し、統語的関係により同一範疇であるという判断がなされている場合である。同じ述語を有していれば、太郎と次郎とが同じA 大学に合格するという（3a）や、同じ大学ではないが、「大学に合格すること」を同一範疇として捉えている（3b）など、異なるカテゴリーが形成されていても良い。一方で（3c）や（3d）は、前件と後件の命題全体を同一範疇と見なすものである。[4] この判断には個人差があるが、例えば（3c）では、2つの事柄をともに「次の進路の決定」と見なし、（3d）では2つの事柄を「春の訪れを感じさせる出来事」と捉えているといったことが考えられる。このように、前件の「も」が発話された時点では、後件に続く内容の詳細までは確定しないものの、「も」の表示により、次に出現する内容は、「前件に対し何らかの形で同一範疇だと見なせるもの」であるということが分かる。これを「も」の予告機能とする。

　この予告性とは、「も」の累加における照応先があるという表示でもある。累加という機能から考えれば、未出の要素に対して別の要素を付け足すことはできないため、一般的には以下の（4）のように、「も」は、前方に出現した要素に対して、後続する要素が加えられることを表示する。しかし、（5）のように先に「も」が出現する場合もあり、（3）の例もこれと同じ構造をなしているのだが、このような場合は、後方の要素に照応先があることを予告的に示すことになる。早い段階で照応先があることが判明すれば、以後の内容に対する見通しが立ち、注意しながら照応先を探すことができるため、聞き手の解釈処理を促進させる効果がある。

> （4）　太郎が来る。次郎も来る。
> （5）　太郎も来る。次郎も来る。

---

[3] 加藤（2006: 97）では、「も」の基本特性は、同じカテゴリーに属するという判断（同一範疇判断）を示すことだとしている。
[4] 稲吉（2016）では、（3a）（3b）のように統語関係に基づく同一範疇判断を「統語的同一範疇判断」、（3c）（3d）のように語用論に関わる同一範疇判断を「語用的同一範疇判断」と定義している。

　なお、(4) のように、前件にある既出の要素が「が」など「も」以外の助詞でマークされている場合、後件の「も」が出現した時点で前件と後件との関係性が決定されることになるが、(3c) や (3d) のように位置が繰り上げられると、その分関係性の決定も早まるため、同様に、次に出現する要素や内容理解を助長する効果があると考える。

　以上のような予告機能は、解釈を処理する際の補助となり、聞き手の理解を促進させる効果があると考える。

2.1.2.　談話的機能

　(3c) (3d) を見ると分かるように、「も」は、同一範疇が節（命題）間で形成されている場合、位置が繰り上げられて使用されることが多い。しかしこれらの例では、対応する要素が言語的に明示されていたため、たとえ意味と形式が一致していなくとも、同一範疇だと判断できれば意味を理解することは可能である。一方で、会話の中の使用では、対応させるべき要素が明示されていない場合も多くある。以下ではこの点について、予告性には、会話のやりとりにおいて、理解促進の他にどのような談話的機能があるのかについて検討する。

　(6)　　A:　もうエサがあまり残ってないね。
　　　　　B:　陽ももうだいぶ落ちて暗くなってきたから、そろそろ引き上げようか。

(6) では、B の発話だけを切り取ってみれば、「も」が発話された時点では「も」の他には「陽」という要素しか分かっていないが、一般的に考えれば、返答としてはそれに関連する内容が述べられると予測されるであろう。この時の「関連する内容」とは、直前にある A の発話に対してであり、これをもとに「陽」以降に続く内容がどのような性質のものかを予測することができる。なお、この「内容」とは、話の具体的な内容ではなく、「賛成」や「反対」などの、より漠然としたものを指す。(6) では、魚を釣るために不可欠であるエサがなくなれば、釣りを続行するのは困難だと一般的には考えるため、この状況での A の発話は、否定的な内容であると捉えられる。それに対し B が「も」を表示することにより、その時点で、A と同じく否定的な内容を述べようとしている姿勢が示されることになる。[5] 否定的な内容に同じく否定的な内容を加えるとはつまり、B は A の立場と同じ姿勢だということである。先の (3) では、「も」の同一範疇を形成するには、統語的関係によるものと、語用的関係によるものがあるとしたが、語用的関係によるものには、相手

---

　5 なお、これとは逆に対比の「は」が使用された場合、同様の原理により、以下のように対比関係にある内容が述べられるであろうという予測がつく。
　(1)　　A:　もうエサがあまり残ってないね。
　　　　　B:　陽はまだ明るいから、最後まで粘ろうよ。

の発話と自分の発話を同一範疇と見なすものもあり、これにより自己の立場が相手の発話に対して同調的であることを示す効果があると言える。[6]

このように、同一範疇の形成範囲が統語的判断から語用的判断へと拡大するにつれ、累加関係を整合させるための作業は増える。しかし会話においては、そのような論理的整合性だけでなく、むしろ同調的な会話を形成することの方が重要視されるため、従来の意味的な観点だけでは説明できないような例も多く見受けられると言える。

以上のような「も」の繰り上げ現象に生じる予告性は、高田・椎名・小野寺（2011）で述べられている、話し手の考え（判断）・意図・動きを、コミュニケーションの相手である聞き手に伝えることにより、会話の意味を理解する手助けをするという談話標識（discourse marker）の機能に一致する。さらにこれを Schiffrin（1987: 328）で挙げられている、談話標識の特徴に関する記述をもとに考察する。

(7) 1. it has to be syntactically detachable from a sentence

2. it has to be commonly used in initial position of an utterance

3. it has to have a range of prosodic contours.

4. it has to be able to operate at both local and global levels of discourse, and on different planes of discourse

2 点目の「通常、文頭で用いられる」という特徴は、1 点目に挙げられている「文と統語的に切り離せる」という構造的特徴が関与していると考えられるが、「も」は付属語であり、単独で文頭に立つことはできない。しかし様々な位置に後接することが可能であるため、文頭近くに位置を繰り上げることで、「同様に」、「加えて」などの自立語のような扱いができ、同様に会話の内容理解を助長する効果があると考える。これについては、条件構文を文頭で接続詞的に用いることで、談話標識化する機能があるとする藤井（2013）のような指摘もあるが、本稿では、そのような接続詞的扱いのできない「助詞」であっても、文頭近くまで位置を繰り上げて使用することにより、同様の効果があることを主張する。

---

[6] 仮にAの発話内容とBの立場が同調的な関係でない場合でも、変わらずBの発話は成立する。
　(2)　A:　まだ帰りたくないな。
　　　　B:　陽ももうだいぶ落ちて暗くなってきたから、そろそろ引き上げようか。
しかし両者には違いがあり、(6) が、Bの述べる内容がAの述べた内容と同一範疇をなすものであると予告的に示すものである一方で、(2) のような「も」は、「陽」の出現以降に、照応先があることを表示するものだと考えられる。つまり、(3) の例と同じ「〜も〜。〜も〜。」という構造をなしていると考えられるが、そうすると、ここでは後者の「も」が明示されていないことになる。これについては、発話者が意図的に、後続する「も」の明示を避けているという可能性も考えられる。特に、上記の例のように理由節と共起する際には、例え理由が一つしかなくても、他にも何らかの理由があるかのように扱うことができるため、しばしばストラテジー的に明示が避けられる。このような用法について、稲吉（2016）では、「疑似的な累加」と定義している。

2.2.　解釈の増加と文脈の利用

　次に 2 点目の要因について検討する。青柳（2006）では、（8）の例を挙げ、この文脈では（8a-c）すべてにおいて、「太郎がピアノを弾くこと以外の出来事が起こったこと」を想定することができるとされている。[7]

　　（8）　昨日のパーティーでは、花子がダンスを踊っただけでなく、
　　　　a.　太郎がピアノを弾きもした。
　　　　b.　太郎がピアノも弾いた。
　　　　c.　太郎もピアノを弾いた。　　　　　　　　　　　　　　　（青柳 2006: 123）

通常であると、前件の「踊っただけでなく」との対応関係が最も明確であるのは（8a）であるが、後接する位置の違いに関係なく同義に解釈できる場合、やはり（8c）のような繰り上げが選好される。これは、先に見た予告性による効果が優位に働くためであるとも考えられるが、以下ではこれに加え、解釈の可能性の観点から考察する。

　日本語と英語、両言語ともに、繰り上げが意味的に多くの解釈を持つという点については、1.2 節で述べた通りだが、英語の否定辞繰り上げは、作用する範囲を拡大して解釈を増やすのに対し、日本語の繰り上げ現象は縮小により解釈を増やすという点において違いが見られる。日本語の場合、主節の動詞は文の右方部に出現するため、動詞に「も」が後接されれば、それまでに既出の要素には作用できないことになり、意味はより特定的になる。したがって、（8a）は（8b）や（8c）の意味には解釈できない。[8] その一方で、位置を繰り上げれば、解釈を広く設定することができる。

　加えて、（8）の場合、たとえ前件と後件の発話形式が一致しなくとも、「だけ」の表示により、何が対比されるべきものかが明らかである。このように、既出の文脈は同一範疇を形成するための手掛かりとして機能する。なお、解釈のための手掛かりは、言語化されたものだけでなく、言語的に明示されていない情報も含まれる。例えば、先に挙げた（1a）「時間も遅いから…」では、完結した一文の中だけで見ると、意味と形式に齟齬が生じている上に、対応する先行詞も言語化されていない。しかしこのような場合は、「過度の残業は社訓で禁止されている」といった知識や、「ようやく作業終了のめどが立った」といった状況など、言語化されていない情報に、何らかの関連する事項が存在している可能性も考えられる。なお、これらは共有していなければならないわけではなく、聞き手も共有していた際に理解を促進させる手掛かりとして機能する。仮に共有していなかった場合、聞

---

　[7] 青柳（2006）では統語構造の観点からの考察がなされており、（8a-c）はすべて共通の深層構造から派生したものであるため、同義に解釈できると説明している。
　[8] この性質については、沼田・徐（1995）でも指摘されており、後接要素以前の要素にまで作用することは認められにくいとされている。

き手は話し手の発話を受け、推論により文脈情報を補充することも可能であるし、そもそも共有が明白であり、言語化する必要がないという場合もあるだろう。

　以上のような周辺的な要素の手助けもあり、意味と形式との間に生じる齟齬、もしくは対応する要素が言語化されていないという問題は中和される。その結果、問題を避けることより、いかに低コストで効率良く、かつ円滑に会話を進められるかという点が優先されていると考える。

2.3.　形式の複雑化回避と簡略化

　最後に3点目の要因について検討する。今までに見てきた繰り上げ現象の用例において、意味と形式とを一致させるには、動詞や動詞句に「も」を後接させる必要があるが、その場合、先に見た（8a）や、以下の（9a）、（9b）のように、活用による形態変化が生じる。

　　（9）　太郎は文学にとても興味があるようだ。
　　　　a.　色々な作品を読みもするし、自分で書きもする。
　　　　b.　色々な作品を読んでもいるし、自分で書いてもいる。
　　　　c.　色々な作品も読むし、自分でも書く。
　　（10）　時間も遅いから今日は帰ろうか。　　　　　　　　　　　　　　　（＝（1a））
　　（11）　北海道の夏は、気候も穏やかで過ごしやすい。

例えば（9a）では、「読む」という終止形を連用形「読み」に変化させ、転成名詞にした上で「も」を間に挟み込み、そして軽動詞「する」に接続させる必要がある。一方で、（9c）のように位置を繰り上げると、名詞句にそのまま「も」を後接できるため、上述のような形態変化を行う必要はない。したがって、構造的には同じ「〜も〜、〜も〜」の形であっても、動詞のように何らかの操作が必要なものと、名詞のようにそのまま後接できるものとでは、形式面において、使用上の負担度合いに差があると言える。

　次に、形式の簡略化についてであるが、先述のように（10）のような例は、意味的には「時間が遅いこともある」ことを示している。つまり、意味に形式を一致させる場合、「こともある」を加える必要がある。（11）も同様で、意味的には「気候が穏やかなこと」以外の、それに類する物事が想定される。このように、意味的に節をとりたてている例では、繰り上げに伴い「こともある」が不要になる例が多く、運用の中で使用頻度が多いものは、できるだけ冗長でない表現形式が好まれる。

　最後に、これまでに挙げた形式の複雑さに関する例を俯瞰すると、異なる表現形式において同義の解釈ができる場合、運用上選好して使用される表現は、形式上の複雑さが少なく、その分負担も少ないと言える。一方で、有標となる表現は、形態の変化などにより形式上の複雑さが増し、また作用する範囲が狭まることにより、意味もより特定的になる傾

向があると言える。

2.4.　要因に関するまとめ

　以上のように、本稿では「も」の繰り上げ現象が選好される要因について、①解釈処理の促進、②解釈の増加と文脈の利用、③形式の複雑化回避と簡略化の 3 点に基づき考察を行った。1 点目の要因は解釈に生じる負担を軽減させるという点でその他の要因にも関わるものであるため、これを繰り上げ現象の主因であると考える。加えてこの 1 点目の要因に関しては、解釈処理の促進の他に、相手の立場に対し同調的であるという姿勢を示す談話的機能が生じると論じた。従来の研究では「累加」という機能から、主に単語レベルを考察対象としたものが多かったが、「も」の同一範疇の判断基準には、(3c)、(3d) に挙げたような節（命題）レベルものがあり、さらにその中には (6) のように、相手の発話を受けそれに応じる形で使用されるものもあるなど、使用状況は様々である。この同一範疇の形成の拡張に伴い、基本的な用法から、上記のような拡張的な効果が生じていると考えられる。

　加えて、これら 3 点の関係性についてだが、①と②については、解釈処理における内容理解を促進するものであり、主に聞き手側に関与する要因であったが、③に関しては、産出する文自体の単純化を図るものであるため、これについては話し手側の負担軽減に関わる要因であると言える。したがって、「も」の繰り上げ現象における選好性については、「解釈処理を促進させたい」という聞き手側に関与するものと、「発話の複雑化を回避したい」という話し手側に関与するものの、双方の要因により生じるものであり、それぞれの要因は排他的なものではなく統合的なものであると考える。

3.　今後の展望

　最後に、今回の考察の拡張として、今後の展望について述べる。繰り上げが生じる助詞は「も」の他にもあり、その他の助詞の機能としての汎用性も期待される。その一例として、「だけ」について述べる。

　　(12)　a.　これは機内に持ち込むので、その荷物だけ預かってもらってもいいですか？
　　　　　b.　今夜宿泊予定なのですが、先に荷物だけ預かってもらってもいいですか？

(12a) (12b) を比較すると、位置の差異により、話し手の意図も異なっていることが分かる。(12a) の「だけ」は、複数ある荷物のうち、どの荷物が預かってもらいたい対象かを示している一方で、(12b) は、「荷物を預かること」だけをしてもらいたいという意味になる。つまり、(12a) は従来の基本的な意味で説明可能な用例であり、(12b) は繰り上げが生じている用例だと言える。このように、「だけ」のような他の助詞に関しても、本稿に

て考察してきた「も」の繰り上げ現象と類似する現象が見られ、これについても同様に、予告性により解釈処理を促進する効果があると説明できる。

　加えて、本稿で論じた繰り上げ現象は、様々な研究に貢献できると考える。今回の議論は萌芽的論考であり、それ自体の追究は言うまでもないが、例えば解釈処理の促進について実験を行い掘り下げることや、他言語と比較することで日本語の特徴の一つとして提言することなどが考えられる。今後は、そのような点についても拡張して考察していきたいと考える。

参照文献

青柳宏. 2006.『日本語の助詞と機能範疇』東京：ひつじ書房.

藤井聖子. 2013.「現代日本語における条件構文基盤の談話標識（化）──その形式と機能に関する類型試案──」、『東京大学大学院総合文化研究科言語情報科学専攻紀要』20、87-101. 東京：東京大学大学院総合文化研究科.

稲吉真子. 2016.「「も」の同一範疇判断に関する語用論的考察」、『研究論集』16、149-158. 北海道：北海道大学大学院文学研究科.

加藤重広. 2006.『日本語文法入門ハンドブック』東京：研究社.

Levinson, Stephen C. 2000. *Presumptive Meanings: The Theory of Generalized Conversational Implicature.* Cambridge, Mass: The MIT Press.［田中廣明・五十嵐海理（訳）. 2007.『意味の推定──新グライス学派の語用論──』東京：研究社］

日本語記述文法研究会. 2009.『現代日本語文法5　第9部とりたて 第10部主題』東京：くろしお出版.

沼田善子・徐建敏. 1995.「とりたて詞「も」のフォーカスとスコープ」、益岡隆志・野田尚史・沼田善子（編）『日本語の主語と取り立て』、175-207、東京：くろしお出版.

Schiffrin, Deborah. 1987. *Discourse Markers.* Cambridge: Cambrige U.P.

高田博行・椎名美智・小野寺典子. 2011. 『歴史語用論入門──過去のコミュニケーションを復元する』東京：大修館書店.

『語用論研究』第 19 号（2017 年）pp. 90-99
© 2017 年　日本語用論学会

〈一般投稿論文〉［研究ノート］

間投助詞の位置づけの再検討：終助詞との比較を通して*

大　江　元　貴

金沢大学

Recent approaches to *kanto-joshi* (interjection particles) and *shu-joshi* (sentence-final particles) predominantly analyze them together and reveal their common features and functions. In order to understand their complete picture, it is also necessary to comprehend their differences; however, few studies have examined this issue.　This paper indicates the following: (1) *kanto-joshi and shu-joshi* have different syntactic, semantic, and pragmatic features.　(2) *Kanto-joshi* can be classified into two types—*ne*-type (*ne, na, no*) and *sa*-type (*sa, yo*).

キーワード：　任意性、相互作用性、人物像、ネ type とサ type

1.　はじめに

　日本語で「終助詞」と呼ばれる助詞群には、「行くカ」（疑問）、「行くナ」（禁止）のように文のタイプを決定するもののほかに、(1) のように文のタイプには関わらないものがある。

　　(1)　明日はきっと晴れる {ネ／ナ／ノ／サ／ヨ／ゾ／ゼ／ワ}。[1]

(1) の助詞群の一部は、(2) のように文末以外の文節末にも現れることがあり、これらは一般的に「間投助詞」と呼ばれる。

　　(2)　a.　うちネ、天井が低いから電気点けるだけで部屋が熱いんです !!

　　　　　　　　　　　　　　　　　　　　　　　　　　　　　（BCCWJ Yahoo! ブログ）

---

　* 本稿の一部は、2016 年 7 月に開催された第 15 回対照言語行動学研究会（於：青山学院大学）でのポスター発表の内容に基づく。本稿の執筆にあたって、質問紙調査に協力してくださった方々、多くの貴重なご助言をくださった 3 名の匿名の査読者と滝浦真人編集委員長に心より感謝申し上げます。
　[1] 以下、本稿で考察の対象とする助詞は片仮名で表記する。

b. おれもナ、今しがた帰還したところだ。（BCCWJ 荒巻義雄『琵琶湖要塞』）

c. 儂は又兵衛殿とは違ごうてノ、儂らがおらんでも領民は路頭に迷わんと思
う。　　　　　　　　　　　　　　（BCCWJ 山本音也『あの世この世の軍立ち』）

d. 日本人はサ、ごはんに砂糖をかけて食べるんだろ。

（BCCWJ 井田真木子『小蓮の恋人』）

e. お前ってヨ、本当にムカツクんだよなあ。

（BCCWJ 佐藤錦『いじめへの逆襲』）

　本稿の考察対象は、(1)(2) に共通して現れるネ、ナ、ノ、サ、ヨである。[2] 文節末の
ネ、ナ、ノ、サ、ヨ（＝間投助詞）と文末のネ、ナ、ノ、サ、ヨ（＝終助詞）について、
近年では両者の区別を積極的には認めない立場が優勢である。特に談話・会話における語
用的機能に着目した研究にこの傾向は顕著で、山森（1997）、森田（2007）、Lee（2007）
はこの立場に立つ。[3] 例えば、森田（2007: 52）は、ネやサは生起位置にかかわらず「相互
行為の中で参与に関する調整を行うために行為を区切る」という共通の性質を持ってお
り、間投助詞・終助詞の区別は不要と見ている。間投助詞と終助詞の区別を重視しない立
場は、伝統的な文法研究にも見られる。梅原（1989: 326）はネ、ナ、ノ、サ、ヨなどの
間投助詞・終助詞はいずれも表現内容を聞き手に持ちかけるという働きを持つ助詞であ
り、「両者には、文末にのみ位置するか、成分の切れ目に自由に位置するか、という違い
があるだけに過ぎないようである」と述べる。また、益岡（1991）、日本語記述文法研究
会（編）（2003）も、本稿で言う間投助詞を終助詞の間投（的）用法と呼び、独立したカテ
ゴリーとして認めていない。

　これらの研究によって、間投助詞と終助詞が持つ共通性については多くのことが明らか
になってきた一方で、両者にどのような違いがあり、その違いをどのように捉えるべきか
という議論はほとんどなされてきていない。[4] また、間投助詞を独立して分析する研究が
少ないことの必然的な結果として、間投助詞同士のパラディグマティックな関係を捉える
ための体系的な記述も進んでいない。本稿は、従来等閑視されてきた間投助詞と終助詞の

2　ゾ、ゼ、ワも「だ」を伴えば、「しかもだ {ゾ／ゼ}」「あの時、田中さんとだったワ、私、カラオ
ケでデュエットしたのね、」のように文末以外に現れうることが定延・羅（2011）、定延（2015b）で
指摘されているが、「だ」を介さずに文節末に現れるネ、ナ、ノ、サ、ヨとは性格を異にすることか
ら、本稿の考察対象からは除外する。

3　これらの研究では、本稿の言う間投助詞と終助詞を一括して「終助詞」(final particle)、「相互行
為詞」(interactional particle) と呼んでいる。

4　伊豆原（2008）は、間投助詞と終助詞（と感動詞）の「ね」がそれぞれ特有の談話管理機能を持
つことを指摘しており、両者の区別を重視している点で本稿と同じ立場に立つ。本稿は間投助詞・
終助詞の違いが談話管理上の機能の違いにとどまらないことを種々の言語現象の観察から示す。

違いと、間投助詞同士の対立に関する基礎的観察を示し、間投助詞の位置づけについて再検討を加える。具体的には、以下の 2 つのことを示す。

① 間投助詞のネ、ナ、ノ、サ、ヨと終助詞のネ、ナ、ノ、サ、ヨは、統語・意味・語用の側面において異なった特徴づけが与えられる。特に、「任意性」「相互作用性」「人物像」の意味・語用的特徴は、間投助詞・終助詞がともに有する特徴として考えられてきたが、仔細に観察すると間投助詞と終助詞の間に差異を見出すことができ、これらの特徴はむしろ間投助詞と終助詞の違いを示す特徴として捉えなおされる。

② 間投助詞が出現する発話状況に着目すると、間投助詞は、ネ type（ネ、ナ、ノ）とサ type（サ、ヨ）の 2 つのタイプに大きく分けられる。

2.　間投助詞と終助詞の違い

　まず、間投助詞と終助詞の間に見られる種々の差異について見ていく。なお、これ以降に挙げる例文（例文（10)-(13）と（19）を除く）の自然性判断は 35 名の日本語母語話者の協力を得て実施した質問紙調査の結果に基づく。[5] 調査では各例文を「0」（不自然）から「3」（自然）の 4 段階で判断してもらった。その平均値に応じて例文冒頭に記号を付している（0 以上 1 未満：「??」、1 以上 2 未満：「?」、2 以上 3 以下：「　」（記号なし))。

2.1.　統語的地位

　統語的な観点から見ると、間投助詞と終助詞はカテゴリカルな対立を示す。それは、終助詞は従属度の低い節には現れるが従属度の高い節には現れないという節の従属度による制約を受けるのに対し、間投助詞の出現は節の従属度に制約されないという違いである。このことを端的に示すのが、以下の（3）と（4）の対立である。

　　(3)??勉強をしなかった {ネ／サ} から、試験に落ちたんだ。
　　(4)　勉強を {ネ／サ} しなかったから、試験に落ちたんだ。

終助詞は、（3）のカラ節のような、引用節以外の従属節には出現できないことがよく知られている。一方、間投助詞は（4）のような終助詞が現れないカラ節、さらには（5）のナ

[5] 調査は、2017 年 9 月に実施した。調査協力者の年齢、性別、出身地の概要は以下の通り。
　　年齢　20 代：20 名、30 代：6 名、40 代：1 名、50 代：5 名、60 代以上：3 名
　　性別　男性：7 名、女性：28 名
　　出身地　北陸地方（石川、富山、福井）：11 名、関東地方（東京、埼玉、神奈川、群馬）：11 名、その他（岩手、宮城、新潟、長野、静岡、岐阜、三重、滋賀、兵庫、熊本）：13 名

ガラ節のような非常に従属度の高い節にも現れる。間投助詞は、フィラーと同じように、節の従属度の制約を受けない要素であると言える（「受験用の<u>えーと</u>、参考書を<u>あのー</u>、読みながら、勉強してるんだ」）。

　　(5)　受験用の｛ネ／サ｝参考書を｛ネ／サ｝読みながら、勉強してるんだ。

　間投助詞と終助詞が節の従属度によってその出現が制約されるかされないかという点でカテゴリカルな差異を示すという事実は、両者が表面的な生起位置の違い以上の、全く異なった統語的地位を持つ助詞として位置づけられる可能性があることを示している。[6]

2.2.　任意性

　ネ、ナ、ノ、サ、ヨは、間投助詞であれ終助詞であれ、格助詞や接続助詞のように言語上の関係を構成する働きは持たず、文の意味内容にも関わらない（半藤 2001）。したがって、命題的な統語・意味のレベルでは両者はともに任意の要素であると言える。一方、対人的な意味・語用のレベルで見ると、間投助詞と終助詞には程度差が生じる。日本語ではしばしば終助詞が強く要請される場合があり、例えば、(6)(7)のような文脈では終助詞ネ、ヨがないと不自然になる。

　　(6)　［AとBがよく晴れた空を見上げている］
　　　　A:　いい天気です｛ネ／??φ｝。
　　　　B:　そうです｛ネ／??φ｝。　　　　　　　　　　　　　　　（井上 1999: 79）
　　(7)　［切符を落としたことに気づかずに歩いていく聞き手の後ろから声をかける］もしもし、切符を落とされました｛ヨ／??φ｝。　　　　　　　　（井上 1997: 62）

これに対して「間投助詞がないと不自然になる文脈」は想定できず、実際これまでにそのような文脈の存在を指摘した研究はない。命題的な統語・意味のレベルでは間投助詞・終助詞の任意性は同質であったが、対人的な意味・語用のレベルでは間投助詞の方が終助詞よりも任意性が高いという特徴づけが与えられる。

---

　[6] 間投助詞は「節」の従属度には影響を受けないが、「文節」のあり方には大きく左右される。考え込みながら「ネ」と発話する、という点では変わりがない（ア）と（イ）に明確な自然さの差があることや、定延（2015a）が指摘するように、（ウ）に比べて倒置文の（エ）が不自然に感じられるという事実は、間投助詞にとって文節のかたちや位置が重要であることを示している。
　　（ア）??｛うーん／えー｝ネ、どうしようかなあ。
　　（イ）｛うーんと／えーと｝ネ、どうしようかなあ。
　　（ウ）　後でさー、訴えられるよ。
　　（エ）　訴えられるよ、後でさー。　　　　　　　　　　　　　　（定延 2015a: 30）

2.3.　相互作用性

　先行研究では間投助詞・終助詞は、対話に現れる、聞き手に表現内容を持ちかける、相互行為上の働きをする、という特徴づけがなされてきた（梅原 1989、半藤 2001、森田 2007、Katagiri 2007）。このような特徴を仮に「相互作用性」と呼ぶとすると、任意性の差ほどではないが間投助詞と終助詞の相互作用性にも程度差が観察される。以下の（8）（9）は独り言の発話であり、話し手と聞き手の相互的やりとりは認められない。

　　　　（8）　［ラーメンを一口食べた後に独り言で］
　　　　　　　a.　やっぱりラーメンはうまいネエ。
　　　　　　　b. ?やっぱりラーメンはネ、うまいネエ。
　　　　（9）　［自分の車に落書きされているのを発見した男が独り言で］
　　　　　　　a.　まったく誰がやったのサ …。
　　　　　　　b. ?まったく誰がサ、やったんだ …。

間投助詞と終助詞が同程度に相互作用性を備えた助詞なのであれば、両者に自然さの差は生じないはずであるが、実際には終助詞のみが現れている（8a）（9a）に比べて、間投助詞が現れている（8b）（9b）は不自然に感じられる。間投助詞は終助詞よりも相互的なやりとりが必要になる、相互作用性の高い助詞であると言える。

　先に見た任意性の問題もここでの相互作用性の問題も、間投助詞・終助詞が有する意味・語用的な特徴に程度差があるということを示している。格助詞などの他の言語形式と比べて間投助詞・終助詞がともに任意性・相互作用性の高い助詞であるという点には従来から注意が払われていたが、同時に、間投助詞が終助詞よりも任意性・相互作用性が高いという両者の程度差に対しても目を向け、何らかの説明が与えられるべきであろう。

2.4.　人物像

　間投助詞・終助詞の中には、特定の人物像と結びついた「役割語」（金水 2003）の性格を強く持つものがある。例えば、（10）に現れるノは、間投助詞も終助詞も「老人」を想起させる（金水 2003、定延・羅 2011）。

　　　（10）　おやおや、これはノ、50 年前の写真じゃノ。

ナも間投助詞・終助詞ともに「男」を想起させ、ネは間投助詞・終助詞ともに特定の人物像を想起させることはない。ネ、ナ、ノのように間投助詞・終助詞で想起させる人物像に差がない場合には、両者を区別せずにネ、ナ、ノの語用的特徴として記述すればよいが、サとヨについては間投助詞と終助詞を分けて考えなければならない。終助詞のサは「男」の人物像と結びついているが（金水 2003）、間投助詞のサに男女差は関わらない。(11)の質問者は「女」でもありうるが、応答者は「男」の発話者を想起させる。

　　(11)　　明日ってサ、雨降るかな？——明日はきっと晴れるサ。

また、間投助詞ヨ（（12））は「（粗野な）男」を強く想起させるが、終助詞ヨ（（13））には
そのような特徴はない。

　　(12)　　これはヨ、50 年前の写真なんだ。
　　(13)　　これは、50 年前の写真なんだヨ。

　サ、ヨのように、間投助詞と終助詞で想起される人物像が異なるという語用的特徴を捉
えるためには、間投助詞と終助詞を区別して記述する必要がある。

3.　間投助詞の 2 つの下位タイプ

　ここまで、間投助詞と終助詞が統語・意味・語用の面で異なった特徴を持つことを確認
した。[7] 間投助詞が終助詞とは異なる特徴を持つ助詞として位置づけ直されるとするなら
ば、間投助詞の体系を終助詞とは独立して検討する必要がある。この 3 節ではその足が
かりとして、間投助詞はネ type（ネ、ナ、ノ）とサ type（サ、ヨ）の 2 つに大きく分けら
れる可能性があることを示す。なお、3 節の議論で用いる例文は判断がより微妙になるた
め、質問紙調査で得た 35 名の自然性判断の平均値（小数点第三位以下切り捨て）を併せ
て示す。

3.1.　サ type が自然で、ネ type が不自然になる発話状況
　間投助詞の研究はネの分析に大きく偏っており、間投助詞同士の対立について検討して
いる研究は極めて少ない。そのような中で、生天目（2006）は、ネとサが出現する発話状
況の違いを明確に指摘している研究として注目される。生天目は、「情報要求」「同意要
求」ではサは自然でネが不自然になることを指摘し、ネは「問いかけ」の伝達態度を含む
発話には現れないことを明らかにしている。[8] 本稿では、生天目がネとサの違いとして指
摘した事実は、もう少し広い範囲、つまりネ type とサ type の違いとして記述可能である
ことを指摘したい。(14) が情報提供、(15) が情報要求、(16) が同意要求の例である。[9]

---

　[7] このほか、間投助詞と終助詞に音声的な面で違いが生じることを定延（2015a）が、特定の文末
表現（「のだ」「わけだ」）との共起割合に差が見られることを大江（2016）がそれぞれ指摘している。
　[8] 生天目（2006）はここからさらに踏み込んで、間投助詞ネは聞き手に対して述べ立て、聞き手
を “audience”（言葉を理解するが直接応答しない者）として扱う伝達態度を標示する機能があると
いう議論を展開している。
　[9] 本稿では紙幅の都合上コピュラと終助詞のバリエーションをまとめて示しているが、調査で使
用した質問紙ではそれぞれの間投助詞にあわせて「これはナ、ピカソの絵なんだぜ」「これはノ、ピ

(14)　これは｛ネ (2.82) ／ナ (2.80) ／ノ (2.22) ／サ (2.68) ／ヨ (2.51)｝、ピカソの絵なん｛だ／じゃ｝｛よ／ぜ｝。

(15)　これって｛?ネ (1.22) ／??ナ (0.88) ／??ノ (0.88) ／サ (2.8) ／?ヨ (1.91)｝、誰の絵（｛だ／じゃ｝）？

(16)　これって｛?ネ (1.74) ／?ナ (1.0) ／??ノ (0.94) ／サ (2.85) ／ヨ (2.25)｝、ピカソの絵｛だ／じゃ｝よ｛ね／な｝。

質問紙調査の結果では (15) のヨの判定がやや低く出ているが、全体の傾向としては情報提供では自然さに大きな差が見られないのに対し、情報要求と同意要求ではネ、ナ、ノがサ、ヨよりも不自然になりやすいということが観察できる。2.4 節で見た人物像に関しても、ネ、ナ、ノは間投助詞と終助詞で想起させる人物像の違いが見られなかったのに対し、サ、ヨは間投助詞と終助詞で想起させる人物像が一致しないという事実が観察されたことをあわせて考えると、ネ、ナ、ノが間投助詞の 1 つの下位タイプ（ネ type）をなしており、サ、ヨがそれとは別の下位タイプ（サ type）をなしていると見ることができる。(14)–(16) は、話し手の伝達態度のあり様がネ type とサ type を分ける要因の 1 つになっていることを示しているが、間投助詞のネ type が情報要求・同意要求のような「問いかけ」の伝達態度を含む発話で不自然になるという事実は、終助詞のネ、ナ、ノの特徴からは予測することができない（終助詞ネ、ナ、ノはむしろ「問いかけ」の伝達態度の表明に寄与する要素である）。間投助詞を終助詞と一旦切り離して考える必要があることが上記の言語事実からもうかがえる。

3.2.　ネ type が自然で、サ type の自然さが下がる発話状況

より判断が微妙になるが、(17) のような発話ではネ type よりもサ type の方が不自然に感じられやすい。

(17)　彼の出身ってどこだっけ？
　　　—ええと｛ネ (2.85) ／ナ (2.02) ／?ノ (1.91) ／?サ (1.40) ／?ヨ (1.22)｝、…どこ｛だ／じゃ｝ったかなあ、うーん …。

これに対しては、「ええと」は検索や計算のための演算領域の確保をしていることを標示する形式であり（定延・田窪 1995）、サは「計算終了の標示」を表すと言われていることから（冨樫 2011）、「ええと」とサ（およびサに類するヨ）との意味的な不整合が生じているという説明が基本線では成り立つと思われる。ただし、間投助詞サ、ヨが「ええと」と自然に共起する (18) や実例 (19)（レンタルビデオ店での対話場面）をどう扱うかという

カソの絵なんじゃよ」のような形で例文を提示して自然さを判断してもらっている。

問題は残る。[10]

(18)　彼の出身ってどこだっけ？――ええと { サ（2.45）／? ヨ（1.25）}、ほら、あそこ、鳥取！

(19)　「スイマセーンはははは」「はいはいなんでございましょうお客様」
　　　「えーとヨォ新作でも三本で二泊三日になるって外に書いてあったんだけど」

（吉田総『荒くれ KNIGHT 10』秋田書店）

(17) と (18) (19) の違いを考えると、(17) は話し手が「彼の出身地」に関する微かな記憶を一生懸命たどりながら発話しているという状況が想定され、そのような心的処理にかかりきりになっている発話状況を想定するほどサ type は不自然に感じられる。それに比べると、(18) (19) は幾分余裕のある（心的処理にそれほどかかりきりになっていない）発話に聞こえる。(17) はサ type とネ type の違いに心的処理のあり様が関わっていることを強く示唆しているが、(18) (19) を踏まえると、サ（とヨ）が単純に「計算終了の標示」をしているとは言いにくく（(18) (19) でも計算を終了していないからこそ「ええと」が現れている）、サ type の特徴をより明確に把握するためには、その心的処理のあり様に関するもう一歩踏み込んだ記述が必要になる。

4.　まとめと今後の展開

　2 節と 3 節の観察をまとめたのが以下の表である。2 節では間投助詞と終助詞を区別して観察することではじめて「統語的地位」「任意性」「相互作用性」「人物像」における違いが記述できることを指摘した。3 節では、生天目（2006）や冨樫（2011）などの先行研究の知見に基づきながら、伝達態度（コミュニケーション）と心的処理（認知）のあり様がネ type とサ type を分ける要因になっている可能性を示した。

---

[10] 質問紙調査では (17) と (18) のヨに差が出なかったが、筆者の内省では (18) のヨはサと同程度に自然に感じられる。質問紙の自由記述欄にはこの例文に限らず韻律によって自然さが変わるという意見もあり、例文の提示方法については検討の余地がある。

【表　間投助詞と終助詞の相違点】

		統語的地位	任意性	相互作用性	人物像	出現しにくい発話状況
終助詞		主節、引用節以外の節には現れない	相対的に低い		ネ type は終助詞ネ、ナ、ノと人物像が一致するが、サ type は終助詞サ、ヨと人物像が一致しない	
間投助詞	ネ type	ナガラ節などの従属度の高い節にも現れる	相対的に高い			「問いかけ」の伝達態度を含む発話
	サ type					心的処理にかかりきりになっている発話

　間投助詞・終助詞を共に扱う研究では、コミュニケーションの側面を重視した分析（森田 2007、Katagiri 2007、Lee 2007）、認知的側面を重視した分析（山森 1997、中村 2006、冨樫 2011）、両方の側面を考慮した分析（生天目 2008）など様々提案されているが、いずれも間投助詞と終助詞の共通性を捉える点に重点が置かれており、両者の差異や間投助詞のパラダイグマティックな対立を説明するには不自由な点が多い。間投助詞・終助詞の全体像を捉えるためには、両者の共通性に加え、両者の違いを自然に説明できる枠組みが求められる。本稿はその足がかりとなる基礎的な観察を示した。

参照文献

半藤英明. 2001.「間投助詞から「表情詞」へ——終助詞と間投助詞のカテゴリー再編——」、『静岡英和女学院短期大学紀要』、33、45-56.

井上優. 1997.「状況認知と終助詞——「ね」の機能——」、『日本語学』、18(9)、79-86.

井上優. 1999.「もしもし、切符を落とされましたよ——終助詞「よ」を使うことの意味——」、『言語』、26(2)、62-67.

伊豆原英子. 2008.「間投助詞・終助詞の談話管理機能分析——「ね」「よね」「よ」の場合——」、『愛知学院大学教養部紀要』、56(1)、67-82.

Katagiri, Yasuhiro. 2007. "Dialogue Functions of Japanese Sentence-Final Particles 'Yo' and 'Ne'." Journal of Pragmatics 39, 1313-1323.

金水敏. 2003.『ヴァーチャル日本語役割語の謎』東京：岩波書店.

Lee, Duck-Young. 2007. "Involvement and the Japanese Interactive Particles Ne and Yo." Journal of Pragmatics 39, 363-388.

益岡隆志. 1991.『モダリティの文法』東京：くろしお出版.

森田笑. 2007.「終助詞・間投助詞の区別は必要か——「ね」や「さ」の会話における機能——」、『言語』、36(3)、44-52.

生天目知美. 2006.「間投用法「ね」が標示する聞き手への伝達態度」、『筑波応用言語学研究』、13、57-70.

生天目知美. 2008.「日本語の会話における「ね」の研究：情報管理と会話管理から見た文中の

「ね」と文末の「ね」筑波大学博士（言語学）学位論文.

中村渉. 2006.「日本語の助詞「ね」の機能と語用論的曖昧性」、『語用論研究』、8、15-32.

日本語記述文法研究会（編）. 2003.『現代日本語文法4 モダリティ』東京：くろしお出版.

大江元貴. 2016.「発話態度という観点から見た間投助詞——間投助詞の出現位置と発話連鎖に着目して——」、『日本語用論学会第18回大会発表論文集』、11、187-191.

定延利之. 2015a.「文節でしゃべる」、定延利之（編）『私たちの日本語研究——問題のありかと研究のあり方——』、30-33、東京：朝倉書店.

定延利之. 2015b.「日本語教育に「文節」を活かす」、『日本言語文化研究会論集』、11、1-15、17.

定延利之・田窪行則. 1995.「談話における心的操作モニター機構：心的操作標識「ええと」と「あの（一）」、『言語研究』、108、74-93.

定延利之・羅米良. 2011.「文法・パラ言語情報・キャラクタに基づく日本語名詞性文節の統合的な記述」、Journal CAJLE 12、77-95.

冨樫純一. 2011.「終助詞「さ」の本質的意味と用法」、『日本文学研究』、50、150-138.

梅原恭則. 1989.「助詞の構文的機能」、北原保雄（編）『講座日本語と日本語教育4 日本語の文法・文体（上）』、302-326、東京：明治書院.

山森良枝. 1997.「終助詞の局所的情報処理機能」、谷泰（編）『コミュニケーションの自然誌』、130-172、東京：新曜社.

『語用論研究』第 19 号（2017 年）pp. 100-105
© 2017 年　日本語用論学会

[書評論文]

Gunter Senft（著）、石崎雅人・野呂幾久子（訳）『語用論の基礎を理解する』

東京：開拓社 , 2017. xviii＋305p. ISBN978-4-7589-2246-3

堀　江　　薫

名古屋大学

　本書『語用論の基礎を理解する（*Understanding Pragmatics*）』（以下、『語用論の基礎』）は、マックス・プランク心理言語学研究所、言語・認知部門（Language and Cognition Department）上級研究員のグンター・ゼンフト（Gunter Senft）氏による語用論の概説書（Senft, Gunter. 2014. *Understanding Pragmatics* (Understanding Language series). Oxford: Routledge. (233pp.)）である。ゼンフト氏は、パプアニューギニア、トロブリアンド諸島の言語、特にキリヴィラ語（Kilivila）、および同地域の文化のフィールドワークに基づいた人類言語学的研究で国際的に著名な研究者である。ゼンフト氏の研究の射程は広く、人類言語学、語用論、意味論等の分野に跨って、言語・文化・認知の相互関係を考究した多数の著書、論文がある。ゼンフト氏の著作の中で、人類言語学、言語類型論、認知言語学等複数の学問分野に対して重要な貢献をなしたものとして編著 *Systems of nominal classification*（2000, Cambridge UP）がある。同書は、オーストラリアやアマゾン地域の諸言語、バンツー諸語、マヤ語、日本語等のデータに基づいて類別詞、名詞類、ジェンダー体系などの文法的手段が名詞の下位分類においてどのような機能を果たし、それらを使用する母語話者の外界の知覚（カテゴリー化）に関してどのような示唆を与えるかを論じた 10 本の論文から構成されている。

　ゼンフト氏は 2016 年 12 月に日本語用論学会年次大会の基調講演者として来日し、大会会場校の下関市立大学および名古屋大学において講演を行った。ゼンフト氏は語用論の分野において国際語用論学会（International Pragmatics Association, IPrA）学会の学会誌 *Pragmatics* の編集長や人類言語学の双書 *Culture in Language Use*（John Benjamins publishing company）の編集主幹を務めるなど国際的に認知されている。

　本書評論文の目的は、『語用論の基礎』の構成を紹介した上で、これまでの語用論分野の定評のある概説書との比較を通じて、同書の特長を示すことにある。『語用論の基礎』の構成は以下のとおりである。なお、後の比較のため原著の各章の表題も併記する。

序章

第 1 章　語用論と哲学―我々は言語を使用するとき、何を行い、実際に何を意味するのか：言語行為論と会話の含みに関する理論―

　（1. Pragmatics and philosophy: What we do when we speak and what we actually mean―speech act theory and the theory of conversational implicature)

第 2 章　語用論と心理学―直示参照とジェスチャー―

　（2. Pragmatics and psychology: Deictic reference and gesture)

第 3 章　語用論と人間行動学―コミュニケーション行動の生物学的基盤―

　（3. Pragmatics and human ethology: Biological foundations of communicative behavior)

第 4 章　語用論と民族誌学―言語・文化・認知の相互関係―

　（4. Pragmatics and ethnology: The interface of language, culture and cognition)

第 5 章　語用論と社会学―日常における社会的相互行為―

　（5. Pragmatics and sociology: Everyday social interaction)

第 6 章　語用論と政治―言語、社会階級、人種、教育、言語イデオロギー―

　（6. Pragmatics and politics: Language, social class, ethnicity and education and linguistic ideologies)

第 7 章　語用論を理解する―まとめと展望―

　（7. Understanding pragmatics: Summary and outlook)

　従来の語用論の概説書は語用論の主だったテーマ別の章立てになっているものが主流であった。例えば、語用論の概説書の嚆矢と目されるスティーブン・レビンソン（Stephen C. Levinson）の *Pragmatics*（1983, Cambridge UP；安井稔・奥田夏子訳『英語語用論』研究社、1990 年）は以下のような構成になっている。

1.　The scope of pragmatics
2.　Deixis
3.　Conversational implicature
4.　Presupposition
5.　Speech acts
6.　Conversational structure
7.　Conclusions

　これ以後の定評のある概説書にも同様のテーマ別の章立てを採用しているものが多い。例えばヤコブ・メイ（Jacob L. Mey）の *Pragmatics: An Introduction*（1993, Blackwell；澤田治美訳『ことばは世界とどうかかわるか―語用論入門』ひつじ書房，1996 年）も以

下のようなテーマ別の構成となっており、著者の関心を反映し、発話行為や会話分析に多くのスペースが割かれている。

Part I: Basic Notions

1. Introduction
2. Why Pragmatics?
3. Defining Pragmatics
4. Pragmatic Principles

Part II: Micropragmatics

5. Reference and Implicature
6. Speech Acts
7. Speech Act Verbs and Indirect Speech Acts
8. Speech Acts and their Classification

Part III: Macropragmatics

9. Introduction to Macropragmatics
10. Conversational Analysis: Basic Notions
11. Conversational Analysis: Part I
12. Conversational Analysis: Part II
13. Metapragmatics
14. Societal Pragmatics

比較的最近出版された概説書である Yan Huang の *Pragmatics* (2007, Oxford UP) も第一部に関しては同様のテーマ別の構成を取っており、第二部は著者の関心を反映し、語用論と認知、意味論、統語論とのインターフェイス現象を扱っている。

1. Introduction

Part I Central topics in pragmatics

2. Implicature
3. Presupposition
4. Speech acts
5. Deixis

Part II Pragmatics and its interfaces

6. Pragmatics and cognition: relevance theory
7. Pragmatics and semantics
8. Pragmatics and syntax

『語用論の基礎』は、これら従来の語用論の概説書とは一線を画するいくつかのユニーク

な特長を有している。ゼンフト氏は、「言語学における語用論は哲学、心理学、動物行動学、民族学、社会学、政治学のような他の学問分野と関連するともにそれらの学問分野に先駆がある」（p. 4：下線は評者による）という認識に立ち、「語用論が言語学の中で本来的に学際的であるだけでなく、社会的行為に対する基本的な関心を共有する人文科学の中のさまざまな領域を結びつけ、相互に影響し合う「超域的な学問」であること示す」（p. 4）という目標を掲げる。

　ゼンフト氏は、『語用論の基礎』全体をつらぬく以下の 3 つの基本的な考え方を導入する。

(1)　言語はその話者により社会的な相互行為において使用される。言語は何よりもまず社会的なつながりや責任関係をつくる道具である。手段は言語や文化によって異なる。（p. 5）

(2)　発話はそれがなされる状況のコンテクストの一部であり、本質的に語用論的な性格をもつ。（p. 5）

(3)　語用論は言語使用における言語・文化特有の表現形式を研究する超領域的な学問領域である。（p. 5）

これらのうち（1）（2）はゼンフト氏の長年のトロブリアンド諸島の言語・文化のフィールドワークに基づく洞察であり、（3）は、ゼンフト氏が長年に渡って関わってきた国際語用論学会（IPrA）がまさに体現している語用論の本質である。

　その上で、ゼンフト氏は、上記 6 つの領域によって先駆的に導入された語用論の中核的なリサーチクエスチョンを、学史的な俯瞰を提示しつつ議論するというアプローチを採用している。具体的には、各章を「語用論へ問題を導入した 1 人以上の著名な学者の説明から始め」（p. 5）、次いで「その問題の内容と語用論における最新の展開を複数の言語・文化の観点から説明する」（p. 5）という周到な手法を取っている。これによって、語用論の重要な研究課題が（語用論以前に）どのように関連先行分野（例：哲学、心理学、民族誌学、社会学）で接近されてきたかという確かな学史的な見通しが得られ、さらにそれが現在の語用論研究においてどのように取り扱われているかという最新の展開についても知ることができる。学史的な見通しと最先端の展開のレビューを一つの章の中で融合させるのは必ずしも容易なことではないが、『語用論の基礎』においてはその試みが成功している。

　第 2 章と第 5 章を例に見てみよう。第 2 章では、直示という言語現象の研究の歴史的先駆者としてドイツの心理学者のカール・ビューラー（Karl Bühler）に遡り、言語学分野における直示研究のパイオニアであるフィルモア（Charles Fillmore）の定義の紹介を経て、マックス・プランク研究所でレビンソンが主導した空間参照枠（frames of spatial reference）の研究プロジェクトの概要を紹介し、最後に自ら行ったキリヴィラ語における

空間直示について詳細に論じている。さらに、本章では、これまでの語用論の概説書では必ずしも中心的に取り上げられなかったジェスチャー研究についても多くの紙幅が割かれている。ジェスチャー研究に関しても、先駆者ヴィルヘルム・ヴント（Wilhelm Wundt）に遡り、ケンドン（Adam Kendon）、マクニール（David McNeill）、ゴールディン - メドゥ（Susan Goldin-Meadow）というジェスチャー研究のパイオニアの業績を紹介した上で、以前のゼンフト氏の同僚であり、現在のジェスチャー研究を国際的に牽引している喜多壮太郎氏の研究の紹介に及んでいる。

　第 5 章では、相互行為研究の先駆者としてのゴフマン（Erving Goffman）の社会的相互行為研究、ガーフィンケル（Harold Garfinkel）のエスノメソドロジー研究、サックス（Harvy Sacks）の「会話分析」研究を概観した後、2015 年の語用論学会大会の基調講演者であったエンフィールド（Nicholas J. Enfield）やスタイバース（Tanya Stivers）がマックス・プランク研究所において主導した通言語比較会話分析プロジェクトの研究成果を紹介している。同研究は、堀江（2016）でも言及した「語用論的類型論（pragmatic typology）」という萌芽的研究分野につながっていくものである。

　また、第 7 章の結論では、ウィリアム・ハンクス（William Hanks）、井出祥子、片桐恭弘らによって、「分析概念が文化に埋め込まれていることに的確に焦点をあて、理論構築や実証的研究において言語使用に関する特定の非西洋的概念を自覚的に適用する」（p. 258）ことを目指した「解放的語用論（emancipatory pragmatics）」の基本的な考え方が紹介されている。このように、古典的な研究から現在進行中の最先端研究までの幅広い見通しが得られ、現在第一線で研究している研究者たちの動きが活写されているのも本書の魅力である。

　もう一つの本書の特長として、これまでの語用論の概説書の多くが免れなかった「英語データバイアス」を自然な形で克服している点があげられる。語用論的現象の表象に言語、文化によるバリエーションがあることからすれば、先に紹介した 3 つの概説書のうち、レビンソン、メイのものはいずれも（評者の通読した限り）データ（例文）はすべて英語のものである。最後の Huang のものは、英語の例文がやはり過半を占めているが、発話行為（4 章）、直示（5 章）、語用論と統語論（8 章）の各章において英語以外の様々な言語の例文を積極的に先行研究から引用している点は評価できる。ただし、『語用論の基礎』は積極的に多様な言語データを用いて語用論現象を例示していこうというオリエンテーションがさらに徹底しており、英語の語用論的現象は諸言語の一つとして相対化されている。ゼンフト氏自身のトロブリアンド諸島でのフィールド調査から得られた一次資料が、調査時のエピソードとともに効果的に配されている点も、これまでの類書に見られない特長である。

　最後に、レビンソンの Pragmatics の出版から約 30 年を経て、新たに、大きく異なる通言語・通文化的オリエンテーションを有する優れた語用論の概説書が、レビンソン氏と

同じ研究所、部門に属する著者によってものされたのは偶然であろうか。両者はいずれも豊富なフィールドワーク経験に基づき、言語・文化・認知のインターフェイスにおいて見られる興味深い現象（例：空間把握、名詞の下位分類に反映したカテゴリー化）を研究してきた人類言語学者である。ゼンフト氏も引用しているウィリアム・フォーリー（William Foley）の著書 *Anthropological Linguistics*（1996, Blackwell）によれば、「語用論と人類言語学、社会言語学との間に境界をひくのはいまのところ不可能」（原著 p. 27、『語用論の基礎』p. 143 に引用）であり、人類学者が優れた語用論的洞察の提供者であった例はマリノフスキー（Bronislaw Malinowski）の「交感的言語使用（phatic communion）」の研究をはじめ枚挙にいとまがない。このように考えると、優れた語用論の概説書が二人の傑出した人類言語学者の手によって生み出されたことは偶然ではない。

　評者はゼンフト氏とこれまで国際語用論学会のパネルや、ともに参加している科学研究費の共同研究プロジェクトを通じて交流があり、昨年は語用論学会大会の基調講演者としてのゼンフト氏の招聘計画の一端を担った。その経験から、氏は真摯で信義に篤い骨太な知識人という印象がある（氏は基調講演者としての「書下ろし」の依頼原稿を異例の早さで提出され、本誌編集長を感激させたと聞く（直話））。文は人なりというが、『語用論の基礎』の本文および行間には、ゼンフト氏がトロブリアンド諸島の人々との間で長年に渡って積み重ねてきた豊かな相互交流の蓄積が垣間見え、本書のいわば隠し味になっている。初学者はもとより、語用論の概説書は既に何冊も読んでいるという手練れの読者にもぜひ本書をお勧めしたい。

参照文献

堀江薫．2016．「対照語用論」加藤重広・滝浦真人（編）『語用論研究法ガイドブック』、133–157．東京：ひつじ書房．

『語用論研究』第 19 号(2017 年) pp. 106-117
© 2017 年　日本語用論学会

［書評論文］

Masa-aki Yamanashi（ed.）*Cognitive Lingusitics.* Vol. 1〜5

London: Sage Publications, 2016. xlix + 247（Vol. 1）+ 253（Vol. 2）+ 296

（Vol. 3）+ 331（Vol. 4）+ 295（Vol. 5）p. ISBN: 9781446298732

尾　谷　昌　則

法政大学

1.　本書の概要と認知言語学

　　本書は、日本認知言語学会と本学会の会長を歴任した山梨正明氏が編者となり、イギリスの SAGE 出版から刊行した認知言語学（Cognitive Linguistics、以下 CL）のアンソロジーとも言える 5 巻組の論文集である。1970 年代にその萌芽が見られる CL は、生成文法に代表される形式主義的な言語観へのアンチテーゼとして主に意味論を中心に発展したが、人間の認知能力という観点から言語能力および言語知識を問い直す試みは、広く音韻論、形態論、統語論といった領域にまで及び、現在に至るまでその発展の歩みは衰えるところを知らない。

　　CL の影響は、もちろん語用論の分野にも及ぶ。これは、すでに古典的名著と呼んでも過言ではない編者の一連の著作（山梨 1986、1988、1992、1995）を見ただけでも一目瞭然であろう。語用論で扱われる主なトピックは、ダイナミックに繰り広げられる言語の使用と解釈を扱ったものであり、その主体である我々人間の認知活動とは不可分の関係にある。そのため、山梨（2001: 179）はいち早く「認知語用論」を「認知能力の観点から、言葉の使用と解釈の諸相をダイナミックに研究していく新しい語用論の研究」と定義した。さらに、本学会会長の就任講演に基づいた山梨（2009b）では、一見すると静的で自律的な言語知識として解釈されがちな文法に対しても、具体的な伝達文脈において時間軸に沿って展開してゆくダイナミックな認知プロセスを重視し、多分に認知語用論の観点を取り入れた「オンライン文法」の文法観を提示するまでに至った。近年では、認知言語学のシリーズ書籍の中にも「認知語用論」と銘打った巻が設けられており（崎田・岡本 2010、小山・甲田・山本 2016）、CL のパラダイムが語用論へ与える影響は、今後ますます大きくなるものと思われる。

　　さて、本書は 1970 年代に発表された記念碑的な論文からごく最近の論文まで、計 53編を以下の 5 つの巻にまとめている。少々紙幅を義性にするが、どれも重要な論考であ

るため、敢えて論文名と著者名を全て記しておく。

Vol. 1 Theory and Method

1. Newman, J. : *The Quiet Revolution—Ron Langacker's Fall Quarter 1977 Lectures.*
2. Evans, V., B. K. Bergen and J. Zinken : *The Cognitive Linguistics Enterprise—An Overview.*
3. Lakoff, G. : *Cognitive versus Generative Linguistics—How Commitments Influence Results.*
4. Fauconnier, G. : *Cognitive Linguistics.*
5. Langacker, R. W. : *An Introduction to Cognitive Grammar.*
6. Gibbs, R. W. : *Why Cognitive Linguists Should Care More About Empirical Methods.*
7. Johnson, M. and G. Lakoff : *Why Cognitive Linguistics Requires Embodied Realism.*
8. Rohrer, T. : *Embodiment and Experientialism.*
9. Fillmore, C. : *Some Thoughts on the Boundaries and Components of Linguistics.*
10. Talmy, L. : *The Relation of Grammar to Cognition.*

Vol. 2 Cognitive Phonology and Morphology

11. Lakoff, G. : *Cognitive Phonology.*
12. Välimaa-Blum, R. : *Phonotactic Constraints in Cognitive Phonology.*
13. Kristiansen, G. : *Towards a Usage-Based Cognitive Phonology.*
14. Bybee, J. L. : *Word Frequency and Context of Use in the Lexical Diffusion of Phonetically Conditioned Sound Change.*
15. Sosa, A.V. and J. L. Bybee : *A Cognitive Approach to Clinical Phonology.*
16. Hopper, P. J. : *Phonogenesis.*
17. Wheeler, D., and D. S. Touretzky : *A Connectionist Implementation of Cognitive Phonology.*
18. Bertinetto, P. M. : *Phonological Representation of Morphological Complexity - Alternative Models (Neuro- and Psycholinguistic Evidence).*
19. Besedina, N. : *Evaluation through Morphology—A Cognitive Perspective.*
20. Rhodes, R. A. : *What is a Morpheme?—A View from Construction Grammar.*
21. Janda, L. A. : *Metonymy in Word-Formation.*

Vol. 3 Cognitive Grammar and Syntax

22. Fillmore, C. J. : *The Mechanisms of Construction Grammar.*
23. Langacker, R. W. : *Constructions in Cognitive Grammar.*
24. Goldberg, A. E. : *Constructionist Approaches to Language.*
25. Croft, W. : *Logical and Typological Arguments for Radical Construction Grammar.*
26. Lakoff, G. : *Linguistic Gestalts.*
27. Lakoff, G. : *Syntactic Amalgams.*
28. Hopper, P. J. : *Emergent Grammar.*
29. Langacker, R. W. : *Metonymic Grammar.*

30. Gries, S. Th. : *Towards a Corpus-based Identification of Prototypical Instances of Constructions.*
31. Stefanowitsch, A. and S. Th. Gries. : *Collostructions: Investigating the Interaction between Words and Constructions.*

Vol. 4 Cognitive Semantics

32. Fillmore, C. J. : *An Alternative to Checklist Theories of Meaning.*
33. Langacker, R. W. : *Context, Cognition, and Semantics: A Unified Dynamic Approach.*
34. Lakoff, G. and M. Johnson : *Conceptual Metaphor in Everyday Language.*
35. Goossens, L. : *Metaphtonymy—The Interaction of Metaphor and Metonymy in Expressions for Linguistic Action.*
36. Talmy, Leonard. : *Force Dynamics in Language and Thought.*
37. Fauconnier, G. and M. Turner : *Conceptual Integration Networks.*
38. Coulson, S. and T. Oakley : *Blending and Coded Meaning - Literal and Figurative Meaning in Cognitive Semantics.*
39. Clausner, T. C. and W. Croft, W. : *Domains and Image Schemas.*
40. Dodge, E. and G. Lakoff : *Image schemas—From linguistic Analysis to Neural Grounding.*
41. Gallese, V. and G. Lakoff : *The Brain's Concepts—The Role of the Sensory-Motor System in Conceptual Knowledge.*

Vol. 5 Cognitive Linguistics and Related Fields

42. Tomasello, M. : *First Steps toward a Usage-Based Theory of Language Acquisition.*
43. Dabrowska, E. : *The LAD Goes to School—A Cautionary Tale for Nativists.*
44. De Rycker, A. and S. De Knop : *Integrating Cognitive Linguistics and Foreign Language Teaching—Historical Background and New Developments.*
45. Croft, W. : *Linguistic Selection—An Utterance-Based Evolutionary Theory of Language.*
46. Freeman, M. H. : *Cognitive Linguistic Approaches to Literary Studies—State of the Art in Cognitive Poetics.*
47. Lakoff, G. : *The Neuroscience of Form in Art.*
48. Sweetser, E. : *What Does It Mean to Compare Language and Gesture? - Modalities and Constrasts.*
49. Núñez, R. E. : *Conceptual Metaphor and the Cognitive Foundations of Mathematics.*
50. Deane, P. : *Neurological Evidence for a Cognitive Theory of Syntax—Agrammatic Aphasia and the Spatialization of Form Hypothesis.*
51. Feldman, J. and S. Narayanan : *Embodied Meaning in a Neural Theory of Language.*
52. Kravchenko, A. : *Cognitive Linguistics, Biology of Cognition and Biosemiotics—Bridging the Gaps.*

53.　Zlatev, J. : *Cognitive Semiotics—An Emerging Field for the Transdisciplinary Study of Meaning.*

　収録論文のタイトルを見ると、CL が意味論、形態論、音韻論、統語論といった言語学の主要領域だけでなく、歴史言語学や類型論、第二言語習得、人文学研究、失語症、神経科学、記号論といった関連分野へも幅広く展開していることが見てとれる。この点については、大風呂敷を広げさせたら右に出る者はいない編者による、31 ページにも及ぶ導入が第 1 巻の巻頭にあり、さながら絵巻物のように多彩で壮大な概説が繰り広げられている。

　しかし、上記の目次を見ていると、残念ながら「語用論」という言葉が見あたらないことに気づく。これは、意味論と語用論の間に明確な境界線を認めず、むしろ両者は連続体を成しているという意味観 (Langacker 2003, Vol. 4: 10、Evans, Bergen and Zinken 2007, Vol. 1: 19) が CL の基本テーゼの一つとしてあるからであろう。[1] この点については第 3 節で考えることとし、次節では、それぞれの巻ごとに論文をいくつか紹介しながら、CL の考え方と語用論との関わりについて概観する。特に、語用論への言及が最も多い Langacker (2003, Vol. 4) には紙幅を割くことにする。そして第 3 節は、本書の意義と今後の CL と語用論の研究に本書が与える示唆について考える。

2.　認知言語学と語用論

2.1.　第 1 巻「理論と方法」

　ここには、CL が生まれた背景とその基本理念をまとめた重要論文が並ぶ。形式主義的な言語観と対比しながら CL の特徴とその必要性を説く Fillmore (1984) や Lakoff (1991)、身体性や経験基盤を重視する CL の言語観と方法論を説く Gibbs (2007)、Johnson & Lakoff (2002)、Rohrer (2007)、言語と認知の不可分な関係を説く Talmy (1988)、Fauconnier (2003)、CL の主要概念を体系的にまとめた Langacker (1986) や Evans, Bergen and Zinken (2007) などが収録されているが、中でも面白いのは、「静かな革命」と題して最初に掲載されている Newman (2004) である。これは、Langacker が 1977 年の秋学期に UCSD で行った講義をまとめたものであり、認知文法の骨子となる様々な概念、例えば精緻化 (elaboration) に欠かせない自律性／依存性の概念 (p. 6-7) や、形式と意味の結びつき (p. 8-9)、語彙ネットワーク、プロトタイプ、そして多義性 (p. 9-12) などについて書かれている。後半では文法の全体像を「言語ユニットの目録」

---

[1] 本稿はあくまでも論文集の書評であるため、出版年はオリジナル論文のそれを記すが、ページ番号は当該論文を集録した巻号のページ番号のみ記すことにする。

と定義し（p. 13、図 12）、それに基づいて英語の受身構文を語彙的ユニットの複合体として捉えるアイデア（p. 13、図 13）を提示している。図式はどれも手書きであり、草創期の貴重な資料として非常に興味深い。

　この講義で示された諸概念は、同巻収録の Langacker 論文で精緻化されており、読み比べると面白い。前半では、ベースとプロファイルの区分、概念化、認知ドメイン、特定性、叙述のスコープ、図と地といった重要概念が紹介されている。例えば「斜辺」や「叔父」という概念は、それぞれ「三角形」や「親族」というドメインの一部分に相当するが、この時、後者のようなドメインをベースといい、その中で特に際立って認知されている部分（＝言語化されている部分）をプロファイルという。他にもこの論文では、(i) 言語の意味が概念化と同義であること、(ii) 概念化には単なる指示対象となる概念だけでなく、知覚や運動感覚、感情、そして様々なコンテクストも含まれること、(iii) 語彙項目に関する知識は、プロトタイプや抽象的なスキーマによって高度にネットワーク化されていること、(iv) 語彙の意味は素性の束（Kats & Fodor 1963）や意味原子（semantic primitives）に還元することはできず、ドメインとの関連によって規定される、といった主張がなされている。その後、"I sent a walrus to Antarctica." とは言えるが、"I sent Antarctica a walrus." という表現は不自然になるという例を挙げ、複合的言語ユニット（文法構文）としての与格構文が、to 前置詞句表現とベースは共有しながらも、それとは異なる対象をプロファイルした（＝異なる概念化がなされた＝異なる意味を持った）言語ユニットであると指摘している。さらに、このような慣習化された言語ユニットを構造化した目録こそが人間の言語知識であると説き（p. 91）、文法が意味と切り離された独自の表示レベルであるとする生成文法の理念を否定している。

　注目すべきは、意味の定義の中に様々なコンテクスト情報も含めるとしている点である（Gibbs 2007, Vol. 1: 127、Langacker 1986, Vo. 1: 79）。Langacker の用語で比喩的に述べるならば、言語化された「発話」はプロファイルに相当し、これを適切に解釈するための背景となる発話文脈（発話の現場から得られる情報だけでなく、社会文化的知識も含む）がベースに相当すると解釈できる。このような前提に立てば、意味論と語用論が連続体をなす（Evans, Bergen and Zinken 2007, Vol. 1: 29）という CL の前提も違和感がない。

2.2.　第 2 巻「認知音韻論と認知形態論」

　ここには、CL のアプローチを取り入れた音韻論や形態論に関する論文が収められている。Lakoff 論文では、統語論と同じように規則が順次適用されることで正しい出力が派生されると考える生成音韻論（Chomsky and Halle 1968）に対し、非派生モデルを提唱している。具体的には、記憶の貯蔵されている形態素のレベル（M レベル）とそれに対応する一連の音声のレベル（P レベル）、そしてその中間にある音素のレベル（W レベル）

が結びついて構成体（construction）を成すと想定し、各レベルで適用される規則とレベル間で適用される規則や制約が同時に適用されるとした。規則と制約を明示的に設定しているあたりは生成音韻論的な匂いも残してはいるが、構成体という概念を利用して非派生的なモデル化をしているあたりは大いに評価されるべきである。Wheeler and Touretzky の論文は、このアイデアの元になった Lakoff (1988a, 1988b, 1989) の発想を評価し、これをコネクショニズムの枠組みに応用する際の問題点について論じたものである。

他にも、英語の否定縮約形や一般動詞の過去形態素における /t, d/ 音の脱落が、特定の環境で使用される頻度によって変化するという事実を事例集積モデル（exemplar cluster model）によって説明した Bybee (2002) や、ロシア語・チェコ語・ノルウェー語の複合語をメトニミーの観点から分析し、伝統的な語形成論よりもメトニミー分析の方が示唆に富む分類が可能になると説いた Janda (2011)、文法化がさらに進んだ段階として、古くなった形態素が、意味の無い単なる音韻的な要素へと変化する音韻発生（phonogenesis）について論じた Hopper (1994) などの論考も興味深い。Hopper は、Givón (1971: 413) の "today's morphology is yesterday's syntax." という言葉をもじって、"today's phonology is yesterday's morphology." と表現し（p. 119）、音韻変化と文法化研究の融合を示唆している。

2.3. 「認知文法と認知統語論」

ここには、いわゆる文文法に関する論考が収められている。その後の構文文法の発展に大きな影響を与えた Fillmore (1988) では、いち早く継承（inheritance）について言及している点で興味深い。他にも、認知文法における構文観を示した Langacker (2003) や、言語類型論も視野に入れた根源的構文文法（Radical Construction Grammar）について述べた Croft (2005) など、個性的な構文文法理論が並ぶ一方、Goldberg (2013) は Oxford ハンドブックに掲載された構文文法の概説的な論考であり、諸家の構文文法の共通点を最新の知見からうまくまとめている。

いわゆる "構文文法" とは呼ばれないものの、その発展に大きく寄与した Lakoff (1974, 1977) が収録されているのは意義深い。例えば Lakoff (1974) は、文の中に、その文の論理構造には含まれない語彙の塊（chunks of lexical materials）を持つ特殊な文の存在を指摘し、この種の統語的融合文（syntactic amalgams）は特定の意味論的・語用論的コンテクストに応じて、全く異なる派生を経た文を融合させなければならないと論じている（p. 169）。例えば、"John invited *you'll never guess how many people* to his party." という融合文は、一般的には、"John invited *a lot of people* to his party." と解釈されるが、場合によっては "John invited *few* people to his party." とも解釈されるため、どちらが主節に融合される文の深層構造となるかは、コンテクストによって決まるとしている。また、"You couldn't open the door, could you?" という付加疑問文は、（74 年当時の）生成

文法では、"You couldn't open the door." という深層構造をコピーする変形規則によって派生し、意味構造は変わらないとされていた。しかし、この付加疑問文は単なる叙述だけではなく丁寧な依頼の意もあるため、これを説明するには "Could you open the door?" のような依頼文を変形させて、主節との統語的融合文を形成すると考えるしかない、と Lakoff は主張する (p. 185)。

　この分析は、語用論を周辺的現象として軽視した変形生成文法の影響下にあるものの、埋め込まれる構文の深層構造がコンテクストによって決まるという皮肉な指摘は、語用論を研究する者にとっては痛快極まりない。他にも、構文について談話機能や情報構造の観点から構文を動機付けた論考が次々に生み出され (Lambrecht 1988、Ohara 1996、Ross-Hagebaum 2004)、現在では構文研究に語用論的視点が欠かせなくなっている。

　語用論との関わりで言えば、談話やコンテクストの中で使用された具体的な発話を絶えず再構造化・再解釈したものが集積されることで文法が立ち現れるという「創発文法」(emergent grammar) を提唱した Hopper 論文にも言及しておかなければなるまい。「創発」という言葉は、歴史学者の Clifford (1986: 19) が文化について「一時的に立ち現れるもの」と評したことに由来し、文法が創発するメカニズムは Haiman (1991, 1994) のいうルーチン化 (routinization) と同じであるという。実際に使用された一つ一つの発話を重視し、類推などの認知活動を通して後から規則が発現してくるという発想は、Bolinger (1961, 1976) をはじめ、Langacker (1987, 1988) の提唱する用法基盤モデル (Usage-based Model) や Croft (1996, Vol. 5) にも見られる。その意味では、語用論は文法の最前線を研究する分野であるとも言えよう。

2.4. 「認知意味論」

　この巻では、心理条件的な意味観を否定し、フレーム知識とプロトタイプによって新たな意味観を提示した Fillmore (1975) や、日常言語には様々な力のダイナミクスが反映されていることを豊富な事例で示した Talmy (1985) など、最近では議論の俎上にのることも少ない論考が収められている。ただし、それは既にこれらが CL の中では当然の前提だからであり、決してその重要性が失われたからではない。

　それ以外の掲載論文は、現在でも多数の研究が行われているメタファーやイメージ・スキーマに関するものが目立つ。Johnson and Lakoff (1980) は、*Metaphors We Live By* で新たな意味研究の地平を拓いた概念メタファーについて、その理論的意義をまとめている。Goossens (1990) は、メタファーとメトニミーが相互作用するメタフトニミー (metaphtonymy) を提唱し、Fauconnier and Turner (1998) は、メタファー理論のようなドメイン間の一方向的な写像ではなく、二つの領域から融合領域を作り出すブレンディング理論を提唱している。Clausner and Croft (1999) は、Langacker (1987) のいう「ドメイン」について詳細な議論を行い、これがイメージ・スキーマの下位類であることを指摘し

ている。Dodge and Lakoff（2005）は、イメージ・スキーマが様々な経験を抽象化して得られるものと見るのではなく、例えば〈移動〉においては、移動を経験している際に働く脳神経回路の動きそのものと見るべきであり、それに関与する神経回路は脳の様々な領域に分散していると説いている。これは並列分散処理モデルを取り入れた論考として注目に値する。

　本論集の中で、最も語用論への言及が多い論考は、本巻収録の Langacker（2003）である。この論文では、(i) 意味とは概念化そのものであり、(ii) 概念化はダイナミックに展開する談話の中で実行されるため、コンテクスト情報や様々な因子の相互作用も必然的に含まれ、(iii) ゆえに意味論と語用論を明確に区別できない、という前提の下で、意味を辞書に掲載された静的な情報として扱うのではなく、辞書的意味と言語外的意味を統合したアプローチが必要であると主張している。例えば、"The cat is on the mat." のような単純な平叙文は、発話行為論では断定（assertion）とされるが、それはある特殊な「相互作用フレーム」（interactive frame）における解釈でしかなく、飼い猫の様子を夫婦二人で眺めながら交わされる談話においては、単なる状況描写か、もしくは相手の注意を猫に向けさせる軽い指示行為となる。さらに、この発話に続けて "And George Bush is wise, intelligent, and intellectually honest." と発話すると、それは「皮肉」の相互作用フレームで（再）解釈される。この種の皮肉は、既に英語談話においては慣習的なパターンとして確立しているため、形式と意味が結びついた慣習的言語ユニットと見なされるという。こういった言語ユニットは次のように図示される（Langacker 2003, Vol. 4: 31）。[2]

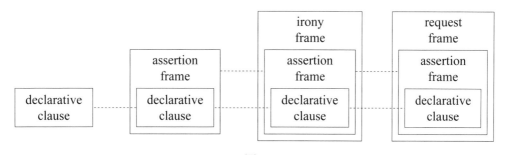

図 1

ある言語社会において、同じようなコンテクストの下で特定の言語ユニット A が繰り返し使用されると、コンテクストに含まれていた付随的な特徴 B がその言語ユニットに組み込まれ、意味の増加（augmentation）が起こり、新しい言語ユニットとなる。このプロセスは以下のように図示されている（Langacker 2003, Vol. 4: 45）。四隅が丸みをおびた四角形は、それが言語ユニットとして十分に定着していないことを表す。

---

[2] 図の右端にある request frame の例については、紙幅の都合で割愛する。

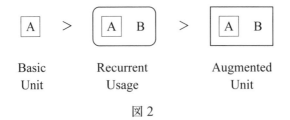

図 2

　これらの指摘は、語用論的な示唆に富むものではあるが、問題点がないわけではない。例えば「相互作用フレーム」なる概念を持ちだしているが、これが Fillmore（1977, 1982）のいうフレームとどのような関係にあるのかが述べられていない。また、「意味の増加」についても、臨時的な推意がやがて言語表現の意味として定着する「語用論的強化」などが文法化研究の領域において数多く指摘されているにもかかわらず、そういった文脈との関係性については触れられていない。さらには、「断定」や「アイロニー」という相互行為フレームは示されているものの、どのような場合にそのフレームが発動するのかについては触れられていないため、語用論の研究者にとってはやや物足りなさを感じるかもしれない。意味論と語用論が連続体を成すとはいえ、両者が常に均質に混ざり合っているわけではないため、意味論寄りの研究者と語用論寄りの研究者とでは、同じ現象であってもプロファイルする問題点がやや異なるのも仕方がない。しかし、だからといって意味論と語用論の交流を絶やすわけにもいかない。それぞれが独立したモジュールであるかのように研究を進めるのは、決して得策とは言えないだろう。その意味では、Langacker の論考は、認知言語学者が語用論学者へ最大限のラブコールを送っている（もしくは、そのような含意がある）と解釈しておきたい。

2.5. 「認知言語学と関連領域」

　さて、最後の巻については、紙幅も尽きてきたため、簡単に触れるにとどめたい。ここでは、CL の考えを言語習得に応用した Tomasello 論文、第二言語教育へ応用した De Rycker and De Knop 論文、文学研究に応用した Freeman 論文、ジェスチャー研究に応用した Sweetser 論文、記号論に応用した Zlatev 論文のように、様々な領域への広がりを感じさせる論考が収録されている。中でも、Lakoff 論文、Deane 論文、Feldman 論文のように、神経科学的な観点からの論考が目立つ。また、言語変化に進化論的な発想を援用し、個が互いに交配して少しずつ異なる別の個を生み出すように、発話もまた互いに交配して別の表現を生み出すと論じた Croft（1996）はユニークである。彼は、それらの発話（＝個）の集合体が言語（＝種）であるとも論じており、この点は 2.3 節で触れた Hopper（1988, Vol. 3）の創発文法と軌を一にする。

3. 本書の意義と語用論への示唆

　さて、ここまで見てくると、これだけの論文集がこの時期に出版された意義が見えてくる。CL の源流が生まれて 40 年、その支流は言語学を越えた関連分野へも広がり、各地に豊かな実りをもたらしつつあるが、同時に、源流から支流までの全体像を掴むことが困難にもなってきている。本稿でもたびたび触れた Fillmore は、フレーム意味論や構文文法の発展に先鞭をつけた第一人者であるが、残念ながら 2014 年に白玉楼中の人となった。論文で誰もが引用する Talmy、Lakoff、Langacker をはじめ本書の編者も、皆すでに名誉教授である。CL のパラダイムはどこから生まれ、どこに行くのか。過去が過去になってしまう前にそれを再確認し、日本だけでなく世界の CL 研究の流れに棹を差すために、これまでの膨大な研究を総括するのは今をおいて他にないであろう。その意味で、本書が果たす役割は大きい。

　本書が果たす役割は他にもある。今では日本語による入門書も充実しており、これ自体は大変ありがたいことである。しかし、一方で、主要概念の定義を日本語の入門書から引用する研究発表が散見されるようになった。話し手（発表者）と聞き手の解釈に齟齬が生じないようにするためにも、一人の研究者として厳密な議論を行うためにも、共有知識としての過去の研究文脈を踏まえておくことが重要であることは論を俟たない。自分のことを棚に上げて、と思わないでもないが、本書に収められた貴重なレガシーを受け継ぐ言語学者の一人として自戒を込めてここに記しておく。

　さて、本書の各所で述べられている CL の理念を語用論という観点から眺めると、様々な示唆が得られることに気づく。その一つは、2.4 節でも書いた、意味論と語用論の境界についてである。日本語用論学会に第 1 回大会から参加している身として、あくまでも個人の感想であるが、「これは語用論学会で発表すべきものだろうか」と思うものがいくつかあった。意味論と語用論は確かに連続体を成すが、決して同一物ではない。否、言語記号の意味極という点では確かに同一物であるのだが、それぞれプロファイルする側面がややずれていると考えるべきである。例えば語の多義ネットワークは CL でも人気のテーマであるが、複数の語意味がまるで所与のものであるかのように設定し、その意味関係のみを論じるのであれば、語用論の色が薄いと言わざるを得ない。語が多様な用法を獲得して多義化するのはコンテクストや対話の中なのだから（東森 2017、中野 2017）、発話の現場でどのようなコンテクストが共有され、どのような推論が働き、どのように聞き手が解釈し、それがどう繰り返されて定着していったのか、そういったダイナミックな認知的活動の観察がまず重要なのであって、結果的に定着し、辞書に記載されている静的な意味同士の関係だけを論じても、得られる知見は少ないと思われる。上記の過程は、いわゆる語用論的強化（pragmatic strengthening）や、2.4 節で触れた意味の増加（augmentation）のことであるが、こういったダイナミックな観察をしてこそ、意味論と語用論の連続性は

体現されるということは忘れてはならない。

　このような示唆を得た原因として、筆者の別の経験を紹介したい。以前、「すみません、もう閉店なんですけど」という発話における「けど」の意味が「依頼」であるとしている論考を読んだことがある。確かに、辞書にもそう書いてあることが多いし、店内にいる客に対しての発話であれば、「もう帰ってください」という依頼になる。しかし、忘年会を終えて、これから行く二次会の店を探そうと幹事が心当たりの店に携帯で電話をかけた際に、店主から「すみません、もう閉店なんですけど」と言われたら、これも依頼と解釈すべきだろうか。依頼として解釈されるのは、発話者の方から働きかけた場合であり、聞き手として返答した場合には、必ずしも依頼とは言えない。こうした視点はまさしく語用論の問題であり、Langacker (2003, Vol. 4: 31) の相互行為フレームを応用・精緻化するならば、上記の発話は相互行為の「行為者フレーム」と「被行為者フレーム」のどちらで解釈するかによって意味が異なる、と考えるべきである。相互行為フレームについては、2.4 節でやや苦言を呈しはしたものの、理念的には決して間違っておらず、むしろ語用論の側から積極的に精緻化してゆくことが望まれる。そういった相互行為が生まれることで、CL も語用論も共に発展してゆくはずである。本書はその示唆を与えてくれるという点において、非常に有益な存在である。

参考文献

Bolinger, D. 1961. "Syntactic Blends and Other Matters." *Language*, 37(3), 366-381.

Bolinger, D. 1976. "Meaning and Memory." *Forum Linguisticum*, 1(1), 1-14.

Chomsky, Noam, and Morris Halle. 1968. *The Sound Pattern of English*. New York: Harper and Row.

Clifford, J. 1986. "Introduction: Partial Truths." In J. Clifford & G. Marcus (Eds.), *Writing Culture: The Poetics and Politics of Ethnography*, 1-26. Berkeley: University of California Press.

Fillmore, C. J. 1977. "Scenes-and-frames Semantics." In A. Zampolli (ed.) *Linguistic Structures Processing*. 55-81. Amsterdam: North-Holland.

Fillmore, C. J. 1982. "Frame Semantics." In The Linguistic Society of Korea (eds.) *Linguistics in the Morning Calm*. 111-37. Seoul: Hanshin.

Givón, Talmy. 1971. "Historical Syntax and Synchronic Morphology: An Archaeologist's Field Trip." *CLS* 7(1), 394-415.

Haiman, J. 1991. "Motivation, Repetition and Emancipation: The Bureaucratisation of Language." In H. C. Wolfart (ed.), *Linguistic Studies Presented to John L. Finlay*, 45-70. Winnipeg, Manitoba: Algonquian and Iroquoian Linguistics (Algonquian and Iroquoian Linguistics, Memoir 8)

Haiman, J. 1994. "Ritualization and the Development of Language." In W. Pagliuca (ed.), *Perspectives on Grammaticalization*, 3-28. Amsterdam: John Benjamins.

東森勲. 2017.『対話表現はなぜ必要なのか──最新の理論で考える──』東京：朝倉書店.

Katz, J. J. and J. A. Fodor. 1963. "The Structure of a Semantic Theory." *Language* 39, 170–210.

小山哲春・甲田直美・山本雅子. 2016.『認知語用論』東京：くろしお出版.

Lakoff, G. 1988a. "A Suggestion for a Linguist with Connectionist Foundations". In D. Touretzky, G. Hinton, and T. Sejnowski (eds), *Proceedings of the 1988 Connectionist Models Summer School*, San Mateo, CA: Morgan Kaufmann Publishers. 301–314.

Lakoff, G. 1988b. "Cognitive phonology." Draft of paper presented at the LSA Annual Meeting, December 1988.

Lakoff, G. 1989. "Cognitive phonology." Draft of paper presented at the Workshop on Constraints vs. Rules in Phonology, University of California at Berkeley, May 1989.

Lambrecht, K. 1988. "There was a Farmer Had a Dog: Syntactic Amalgams Revisited." *BLS* 14, 319–339. Berkeley: Berkeley Linguistics Society.

Langacker, R. W. 1987. *Foundations of Cognitive Grammar, Vol.1: Theoretical Prerequisites*. Stanford: Stanford University Press.

Langacker, R. W. 1988. "A Usage-based Model." In Brygida Rudz-ka-Ostyn (ed.) *Topics in Cognitive Linguistics*, 127–161. Amsterdam/Philadelphia: John Benjamins.

中野弘三. 2017.『語はなぜ多義になるのか──コンテキストの作用を考える──』東京：朝倉書店.

Ohara, H. K. 1996. *A Constructional Approach to Japanese Internally Headed Relativization*. University of California, Berkeley. Ph.D. dissertation.

Ross-Hagebaum, Sebastian. 2004. "The *That's X is Y* Construction as an Information-Structure Amalgam." *BLS* 30, 403–414. Berkeley: Berkeley Linguistics Society.

崎田智子・岡本雅史. 2010.『言語運用のダイナミズム──認知語用論のアプローチ』東京：研究社.

山梨正明. 1986.『発話行為』東京：大修館書店.

山梨正明. 1988.『比喩と理解』東京：東京大学出版会.

山梨正明. 1992.『推論と照応』東京：くろしお出版.

山梨正明. 1995.『認知文法論』東京：ひつじ書房.

山梨正明. 2001.「認知語用論」、小泉保（編）『入門語用論研究──理論と応用』179–194. 東京：研究社.

山梨正明. 2009a.『認知構文論──文法のゲシュタルト性』東京：大修館書店.

山梨正明. 2009b.「認知語用論からみた文法・論理・レトリック」『語用論研究』11, 61–97. 東京：開拓社.

『語用論研究』第 19 号 (2017 年) pp. 118-125
© 2017 年　日本語用論学会

[語用論の新しい流れ]

Istvan Kesckes* の社会認知的アプローチ (Socio-cognitive Approach to Pragmatics) について

田　中　廣　明

京都工芸繊維大学

1.　はじめに

　本稿では、Kesckes (2013) *Intercultural Pragmatics* (OUP)、Kesckes (2008; 2010; 2017)、Kecskes and Zhang (2009) などに基づいて、Istvan Kesckes の提唱する Socio-cognitive Approach (to pragmatics) (以下、SCA) について概観し、従来の伝統的な語用論 (Grice、(新) グライス学派、関連性理論、発話行為理論、ポライトネス理論など) とは異なる側面を見ていくこととする。Intercultural pragmatics の第一人者である Istvan Kecskes が、従来の語用論に対して問題提起をしているのは、彼の長年にわたる異文化間コミュニケーション (語用論) の研究から、以下、Kecskes (2010) の冒頭の言葉に象徴されるようなコミュニケーション観があるためである。

> Communication is not as smooth a process as current pragmatic theories depict it. In Rapaport's words "We almost always fail […]. Yet we almost always nearly succeed: This is the paradox of communication" (Rapaport 2003: 402).

　彼は、このスムースではないが、たいていの場合、成功裏に導かれるコミュニケーションの道のりを bumpy road (でこぼこ通) と表現し、コミュニケーションのプラスの側面とマイナスの側面を解明することが重要だと主張する。

　Kesckes は、語用論は、協調性 (cooperation)、関連性 (relevance) と言った原理的な

---

　* Istvan Kesckes 氏は、intercultural pragmatics の専門家で、研究対象は Socio-cognitive Approach to Pragmatics、Interculturality、Formulaic language in L1 and L2、Second language acquisition and bi- and multilingualism など。現在、New York 州立大学、Albany 校の教授 (Distinguished Professor の称号を与えられている)。American Pragmatics Association (AMPRA) 会長、Chinese as a Second Language Research (CASLAR) Association 会長。

（心理的・言語的・哲学的）側面だけではなく、その場その場で対話の際に生じる自己中心性（ecocentrism）と言った個人対個人の側面も考慮に入れる必要があると主張する。会話は、協調といったいわば理想的な状況だけで成り立つのではなく、試行錯誤（trial-and-error）、試行再試行（try-and-try-again）を通して、話し手と聞き手による共同構築（co-construction）によって成り立つものであり、その意味では、話し手と聞き手双方のそれぞれからの視点を取り込むべきだとする。

　Kecskes によれば、従来の語用論で提唱される理想主義的なコミュニケーション観や偏った文脈主義などが、成功裏に導かれるプロセスの記述に偏重する結果になってしまっており、（会話の）停止（breakdown）、誤解（misunderstanding）、（対話者間の）せめぎ合い（struggle）など、マイナスの側面にも目を向けるべきであるとする。このように、コミュニケーションの齟齬を来しても、我々がスムースに会話を進んでいけるのは、コミュニケーションが非累積的（non-summative）（部分の総和は全体ではないこと）で創発的（emergent）な性質を持ち、それが対話者間のやりとりの過程で達成されているためであると主張されている。ただし、当然のこととして、協調性といったプラスの側面を無視するものではなく、協調性と自己中心性[1] の双方に同等の注意を向けるべきだというのが彼の立場である。

2.　話し手の発話産出と聞き手の発話理解

　従来の（特にグライス派生の）語用論では、話し手は聞き手の理解（comprehension）に沿うような産出（production）を行う。平たく言えば、聞き手に分かってもらえるように言葉を発するというコミュニケーション観が大前提であった。話し手は、聞き手デザイン（audience design）を行うことが当然だとされており、聞き手の仕事は話し手の意図を認識し、解釈することであるとされている。同様に、関連性理論でも、聞き手重視の理論を構築しているが、話し手が元から持つ意図・想定を聞き手が再構築すると考えるのが、理論の要をなしている。グライス流の話し手重視、関連性理論の聞き手重視の違いはあれ、伝達意図が伝っていても伝わっていなくても、伝わる（はずの）意図そのものは、話し手、聞き手とも質・量が同等という立場を取る（当然、話し手が伝達意図をはっきりさ

---

　[1] 協調性（協調性の原理）が、相手に好意的（agreeable）な態度を取るコミュニケーションの原理と誤解されてはならないのと同じように、自己中心性（egocentrism）も、一般的な意味での自己中心的と混同されてはならない。日常会話では、自己中心的な態度とは、自分の意見、あるいは自分自身を第一に考えることを言う。Kesckes はこちらのほうを "egotistic" という言葉で表し区別している。ここで言う egocentrism とは、話し手・聞き手が、相互知識や共有経験よりも、自分自身の知識、以前の経験により依存してコミュニケーションを進める（主に開始時）と言う意味である（Kecskes 2013: 33）。

せない場合もあるが）。含意（implicature）も含めた伝達的意味によって、話し手が何を伝えようと思っているのかは、話し手は（いわば発話の瞬間に）本来的に、アプリオリに持つものであるというのが、従来から自明とされていた感がある。

　SCA では、こうした話し手と聞き手が同程度の認知的基盤を持つ観点を疑問視し、話し手の自己中心性からコミュニケーションのプロセスを再構築している。その根底には、話し手と聞き手は、おのおのの認知的傾向（何をどう捉えるかは異なった傾向を持つということ）、事前の経験、同じ語彙・表現を使用するにしても、それぞれの使用経験が異なることなどをあげ、いわば対話者としての個人主義観があると思われる。「話し手は自分の発話が曖昧に取られないだろうと思い（曖昧性の過小評価）、その効果は大きいと思っている（発話効果の過大評価）」（Keysar and Henly 2002）と Kecskes（2013: 33）が引用しているのも、発話初期での話し手の自己中心性を重視するからであり、話し手、聞き手とも、発話産出と理解の初期段階では、相互知識を無視し、自己知識を最大限に使用して対話を進めていく傾向があることを様々な研究者の実験結果から導き出している（Bar and Keysar 2005 など）。[2] まず話し手は、自己の（会話）経験からの語彙・表現選択（発話産出）をし、聞き手の解釈の仕方（発話理解）は話し手の使用した語彙への聞き手自身

---

　[2] Keysar たちの実験では（以下の実験図を参照）、格子状の箱が指示者用と被験者用に用意し、被験者には見えていても指示者には見えない積み木が入った格子と、両方に見えている格子を作る（他の積み木や果物が入っている格子もある）。そこで、指示者の「一番下の積み木をリンゴの下の段へ動かせ」という指示させると、被験者は、指示者からは見えないと分かっている積み木でも、自己知識をまず使用し、その積み木に 1 秒に満たない注視を行うことが多いとされる。その後、修正して、正しい（両方が見える）積み木の方に手が行くという結果になっている。被験者に自己特権的な知識（privileged knowledge）の使用があり（自己中心性の使用）、指示者と被験者に共有される共通知識（common knowledge）への修正が見て取れるというわけである（共通基盤の使用と形成）。以下の実験図を参照のこと。(Keysar たちの自己中心性に関する様々な実験結果の解釈に対する批判は、Rubio-Fernádez（2008）に詳しい。)

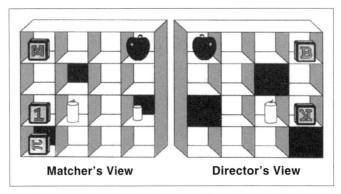

The display of objects from the participant's perspective（i.e. the matcher's）and the confederate's perspective（i.e. the director's）. The critical instructions were "Put the bottom block below the apple"（from Keysar et al., 1998: 49）.

の使用経験からの判断によるところが大きい。協調性、関連性、相互知識の利用が登場するのは、話し手、聞き手の自己中心性が満足（あるいは訂正）されたあとでなされるということになる。自己中心性の概念を実験的に立証した Keysar や Barr たちの議論によれば、相互知識（共通基盤）が利用されるのは、エラーの検知と修復過程においてであるとされている（Bar and Keysar 2005）。

　ただし、相互知識あるいは共通基盤（common ground）のアプリオリ性は、完全に否定されるものではなく、Kesckes and Zhang（2009）では core common ground（（話し手と聞き手が互いに存在すると想定した）想定共有知識、アプリオリな心的表示）と emergent common ground（事後的に創発する（post factum emergence）対話者間で共有されるリソース）が一体化して対話者間の背景的知識を作成すると考えている。

3.　文脈主義とメッセージ主義

　Carston（2002: 49）が言うように、関連性理論では「言語的にコード化された意味は、それが表現する意図的命題を完全には決定しない（"… linguistically encoded meaning never fully determines the intended proposition expressed"）」という「言語的意味決定不十分性（linguistic underdeterminacy）」が基本テーゼとされ、言語データはすべて、非言語的、さらに（言語的）文脈情報からその解釈過程を通して拡充（enrich）されるとする。関連性理論で言う表意（explicature）の構築は、(i) 曖昧性除去（disambiguation）、(ii) 飽和化（saturation）、(iii) アド・ホック概念形成（ad hoc concept construction）、(iv) 自由拡充（free enrichment）の一部あるいは、いずれかを経た上で完結される。これらの過程に（いわば栄養源として）供給しているのは文脈（情報）と言うことになる。文脈主義によると、強い、弱い文脈主義の違いはあるにせよ、文脈という言葉は、従来から幅広くとらえられ、記号表現の解釈に影響を与えるものなら、言語的、認識的、物理的、社会的であろうと、どんなものでも含まれるとされている。例えば、ある語彙があるとすると、その語彙のどの部分を選んで活性化するかは文脈の（強い文脈主義では文脈だけの）仕事ということになる。関連性理論ではその活性化に推論の役割を大きく認め、意味決定には、強い文脈主義が主張するような、文脈だけが決定要因となるのではなく、文脈による制約、すなわち文脈駆動（context-driven）の語用論的制約（処理過程）が役割を果たすと考えている。例えば、比喩解釈では、語彙表現の意味そのものが決定要因となっているのではなく、あくまで語用論的な処理過程を経ないと比喩と認識されないという立場を取る。ここには、関連性理論の意味論主義へのアンチテーゼが見て取れる。

　これに対し、メッセージ主義とも言える立場では、語彙（メッセージあるいは語彙に内在化された意味）が文脈の創作者（creator）とされる。Kesckes は Gumperz（1982）の「発話はそれ自身でその文脈を内在して（運んで）いるか、あるいは、文脈を投射する

("utterances somehow carry with them their own context or project that context.")」という言葉を引用してこのメッセージ主義を説明する。例えば、License and registration, please.／Let me tell you something.／What can I do for you?／How is it going? のような発話は、どういう場や文脈で発せられるかがすぐに分かる場合が多い。これは、我々の経験が繰り返し生じる同じような状況によって発展的に形成されており、その状況認識と我々の言語使用が密接に関連しているためである。ただし、Gumpers を再評価している Levinson (2003) は、こうした文脈オンリー主義とメッセージオンリー主義は、明確に分けられるものではないとしている。

　言語産出と理解には、「文脈による可変性（文脈主義）」と「文脈から独立した規則性（メッセージ主義）」が必ず関係している。前者は文脈の「選択的な (selective)」働きに重点が置かれ、文脈は語彙やそれが活性化する意味を選択することに専念する。後者では、文脈は「構成的な (constitutive)」働きをしており、語彙選択そのものがどういう文脈を構成するかの決定に専念する。Kesckes はこうした文脈の「二面性 (double-sidedness)」を両方取り入れるとし、SCA の特徴としている。

　Kesckes は、文脈主義とメッセージ主義の単純な融合には慎重な立場を取るが、Kesckes (2013) の第 5 章では、後者を具現する formulaic language（定型言語）を一つの章とし、後者に重点を置いた立場を取っている。さらに、定型言語が「単一文化内コミュニケーション (intracultural communication)」と「異文化間コミュニケーション (intercultural communication)」を区別する決定因子であり、文脈が定型言語の働きに主要な役割を果たすと指摘している。Kesckes (2013: 118) があげる韓国人の留学生と（アメリカの大学の）教務課の職員の間に生じた誤解の例を見てみよう。

(1)　LEE:　Could you sign this document for me, please?
　　　CLERK:　*Come again ...?*
　　　LEE:　Why should I come again?　I am here now.

この例は、韓国人の学生が Come again の意味を、定型 (formula)（「もう一度（言ってください）」）ととらずに、文字通りに（「また来い」）とったところから来る誤解の例である。Kesckes (2013: 109-110) は、母語話者と非母語話者間の異文化間コミュニケーション（語用論）では、(i) このような「定型言語」の習得はかかせないが、(ii) 定型的な意味を習得する、すなわち「心理的際立ち (psychological saliency)」に達するには、単にその表現への数多い頻度での接触だけに限らず、その表現が用いられる特定の文脈での談話機能の習得が必要であると主張している。

　ここで生じる問題は、なぜ、「また来い」ではなく、「もう一度」という意味が「心理的際立ち」を持つのかと言うことである。

4.　「聞き手デザイン（recipient design）」と「際立ち（salience）」

　従来の語用論では、話し手の産出と聞き手の理解の際に生じる「乖離」あるいは「ギャップ」（話し手はどうして聞き手の心が分かるのかという問題）に対して、Grice の協調の原理、グライス流の様々な公理、関連性の原理、発話行為理論での緒規則など、話し手と聞き手に共通する原理を仮定していた。また、近年では、会話分析や H. H. Clark たちの実験語用論からの「聞き手デザイン」を仮定することで、その差を埋めようとしている。話し手の側からは「聞き手デザイン」が行われ、聞き手の側からは、話し手が想定し、実行した「聞き手デザイン」に見合うように、話し手の意図が理解されるとするである。話し手は、相手に当然理解されるものとして、（意図を伴った）発話を産出し、その行為を表現するために、適切な語彙を適切な文脈内で結びつけるとされる。

　一方、SCA では、話し手の発話産出と聞き手の発話理解は、語彙選択や意味選択の際の「際立ち（salience）」によって影響を受けるとしている。次の例を見てみよう。

(2)　Situation:　A policewoman in uniform is driving the car, and the man sitting beside her is staring at her.

　　　PW:　What?

　　　M:　I was trying to picture you *without your clothes on.*

　　　PW:　Excuse me?

　　　M:　Oh no, I did not mean like that. I am trying to picture you *without your uniform.*

　　　PW:　Okkay?

　　　M:　I mean, on your day off, you know, *in regular clothes.*

（映画 Angel Eyes より（Kecskes 2013: 58））

話し手と聞き手の経験値は当然違うわけであるから、語彙や意味選択をする場合に、どの部分に「際立ち」を当てて発話あるいは解釈するかは、いわば話し手（聞き手）に任されているところが大きい。(2) はかなり作りこまれた例であるが、最初から uniform あるいは regular clothes と言えば良さそうなものを、clothes と言ってしまったところから生じる誤解である。一つにはこの男性が女性警官をなぜじろじろ見ているのか説明をしなければならなかったこと、さらには、Kescskes が「意識下での際立ち（subconscious salience）」と呼んでいるように、意識下でこの場面で clothes（上位語）に uniform（下位語）を代用させ、際立ちを与えてしまったことが、誤解の原因となっている。この例では、女性警官が最後まで分からないようであるが、修正を加えることにより、相手の理解が得られる場合は多い。

　こうした「際立ち」の部分は、発話の初頭の場面が多いとされる。話し手がもっとも

「自己中心的な」モードに入りやすい部分である。その際に、話し手と聞き手で、際立ちに差が生じるのは、前もって持つ語彙や経験の知識のどの部分に「注意 (attention)」を与えるかによるとされる。Kesckes (2010) は、注意を与えるべき際立ちは、「話し手と聞き手双方の知識基盤」、「その場の状況に関する知識の頻度や親和性」、「対話者の心理状態と（注意を受けて選択される）項目の有用性」によって異なるとし、以下のように述べている。

> Because of their different knowledge bases, the frequency/rituality of their knowledge in the situation, and the attendant attentional resources available to them for processing the salient items, the interlocutors' knowledge has different levels of salience; as a result, they conduct the attentional processing of communication in an egocentric manner.

5.　終わりに

　従来の伝統的な語用論と Kesckes の言う SCA（社会認知的アプローチ）の違いを、それぞれを構成する要素からまとめると次のようになる。

	伝統的語用論	SCA
理論的背景	言語・哲学的	社会・文化・対話的
話し手／聞き手の位置	ほぼ対等	話し手重視（発話の初期段階）
意図性の扱い	意図性のみ	意図性と注意性
文脈	強い／弱い文脈主義の差	文脈主義とメッセージ主義の融合
協調性／自己中心性	協調的・聞き手デザイン	自己中心的・際立ち

　このように、SCA は従来、発話の静的な側面だけしか扱ってこなかったとされる語用論に対して、動的で、柔軟な側面を扱うことができるようなアプローチと言うことができる。こうした言語観は、言語人類学、会話分析、談話機能言語学といった機能主義的な言語学、また Traugott たちの文法化・構文化の研究などとも軌を一にするところが多いと思われる（鈴木・秦・横森（編）(2017) の各章を参照のこと）。

参考文献

Barr, Dale J. and Boaz Keysar. (2005) "Making sense of how we make sense: the Paradox of egocentrism in language use," Herbert L. Colston and Albert N. Katz (eds) *Figurative Language Comprehension*, 21–43. Mahwah, N.J.: Lawrence Erlbaum.

Kecskes, Istvan (2008) "Dueling context: A dynamic model of meaning," *Journal of Pragmatics* 40(3), 385–406.

Kecskes, Istvan (2010) "The paradox of communication: Socio-cognitive approach to pragmatics," *Pragmatics and Society* 1(1), 50–73.

Kecskes, Istvan (2013) *Intercultural Pragmatics*, Oxford: Oxford University Press.

Kecskes, Istvan (2017) "The effect of salience on shaping speaker's utterance," *Reti, saperi, linguaggi* 6(11), 5–32.

Kecskes, Istvan and Fenghui Zhang (2009) "Activating, seeking and creating common Ground: A socio-cognitive approach," *Pragmatics and Cognition* 17(2), 331–355.

Keysar, Boaz, Dale J. Barr and William S. Horton (1998) "The egocentric basis of language use: Insights from a processing approach," *Current Directions in Psychological Science* 7(2), 46–50.

Keysar, Boaz and Anne Henly (2002) "Speakers' overestimation of their effectiveness," *Psychological Science* 13, 207–212.

Rapaport, William J. (2003) "What Did You Mean by that? Misunderstanding, negotiation, and syntactic semantics." *Minds and Machines* 13(3), 397–427.

Rubio-Fernádez, Paula (2008) "On the automaticity of egocentricity: A review of the Egocentric Anchoring and Adjustment model of perspective taking," *UCL Working Papers in Linguistics* 20, 247–274.

鈴木亮子・秦かおり・横森大輔 (編) (2017)『話しことばへのアプローチ──創発的・学際的談話研究への新たなる挑戦』東京：ひつじ書房.

日本語用論学会規約

第1章　総則

第1条　本会は「日本語用論学会」(The Pragmatics Society of Japan) と称する。

第2条　本会は語用論ならびに関連諸分野の研究に寄与することを目的とする。

第3条　本会は次の事業を行う。

　　　1.　大会その他の研究集会。

　　　2.　機関誌の発行。

　　　3.　その他必要な事業。

第4条　本会は諸事業を推進するため運営委員会および事務局を置く。

第5条　運営委員会の承認を経て、支部を各地区に置くことができる。

第2章　会員

第6条　本会の会員は一般会員、学生会員、団体会員の3種類とする。

第7条　会員は、本会の趣旨に賛同し所定の手続きを経て本会に登録された個人及び団体とする。

第8条　会員は諸種の会合及び事業の通知を受け、事業に参加することができる。また、所定の手続きを経て、研究集会で研究発表し、機関誌に投稿することができる。

第3章　役員

第9条　本会に次の役員を置く。任期は2年とし、再選を妨げない。

　　　会長　　　　　1名

　　　副会長　　　　若干名

　　　事務局長　　　1名

　　　運営委員　　　若干名

　　　会計監査委員　1名

　　　また、顧問、理事を置くことがある。理事は、会長、副会長経験者、又は65歳以上の運営委員で原則10年以上運営委員を務めたものとし、運営委員を兼ねる。運営委員は4月1日現在で70歳以下とする。

第10条　運営委員会は、会長、副会長、事務局長および運営委員から構成される。

第11条　会長、副会長、および事務局長は運営委員会で選出され、運営委員は会員より

選出される。

第12条　運営委員会は次の任務を遂行する。

　　1.　機関誌および会報誌等の編集・刊行にかかわる事項の決定。

　　2.　大会および研究集会等にかかわる事項の決定。

　　3.　予算案および収支決算案の作成。

　　4.　その他運営委員会が必要と認めた事項。

第13条　運営委員会の中に次の部と委員を置く。各部の委員は運営委員会の議を経て会長が委嘱し、兼任することができる。各部は業務を遂行するために、運営委員会の承認を得て有給の事務助手を置くことができる。

　　1.　執行部

　　2.　編集部

　　3.　大会部

　　4.　事業部

　　5.　広報部

第14条　学会の運営方針を審議し、各部の業務を調整するために常任委員会を開く。常任委員会は、執行部と各委員会の正副委員長から構成される。

第15条　本会の会則は、会員総会で承認を得るものとする。

第16条　会員の中から会計監査委員を1名選出する。任期は2年とし、1期に限る。

第4章　会議

第17条　定例会員総会は、年1回会長がこれを招集する。また、必要な場合、臨時会員総会を招集することができる。

第18条　定例運営委員会は、必要に応じて、年1回以上招集される。

第5章　会計

第19条　本会の運営経費は、会費、寄付金等を以てこれに当てる。

第20条　事務局は、予算案および収支決算書を作成し、運営委員会の議を経て、会員総会で承認を得るものとする。ただし、収支決算書は会計監査委員の監査を受けなければならない。

第21条　本会の会計年度は、毎年4月1日に始まり、翌年3月31日に終わる。

第 6 章　事務局

第22条　事務局を事務局長もしくは運営委員の所属する大学に置く。

第 7 章　各部に関する細則

1. 執行部は、会長、副会長、事務局長、事務局長補佐、会計、会計補佐から構成され、
   対外折衝、運営委員会・総会の企画・運営、会員名簿の管理、会費の徴収、会計、機
   関誌・大会予稿集等の販売、会員への連絡など、学会の運営にかかわる諸々の業務を
   担当する。事務局は、業務を遂行するために、運営委員会の承認を得て有給の事務助
   手を置くことができる。
2. 編集部は、委員長、副委員長、委員から構成され、機関誌『語用論研究』の編集と刊
   行に関わる業務を担当する。
3. 大会部は、3 部門に分かれてそれぞれが委員長、副委員長、委員から構成され、業務
   を担当する。

大会企画委員会	大会プログラムの計画と作成。研究発表、シンポジウム、ワークショップ、講演など、大会全般の大枠を企画・提案すると共に、発表者決定後に司会割振を含む詳細を決定する。
大会発表委員会	応募の受付・管理、査読割り当てと評価の集計と報告の他、大会発表者決定後のアブストラクト集などの作成と大会に必要な、種々の印刷物作成の業務を行う。
大会運営委員会	大会開催校委員と協力して、会場の部屋割、アルバイトの手配、当日の受付運営など、大会の会場運営、プロシーディングスに関わる業務を行う。

4. 事業部は、委員長、副委員長、委員から構成され、講演会、セミナー等の企画、運営、
   実行にあたる。
5. 広報部は、委員長、副委員長、委員から構成され、メーリングリスト・ホームページ
   等による連絡、Newsletter の編集と発行に関わる業務を担当する。

第 8 章　会長選出に関する細則

1. この細則は、会則第 9 条と第 11 条のうち、会長の選出方法と任期について定める。
2. 会長は、会員の中から、就任時に 65 歳以下のものを運営委員の投票によって選出する。投票は郵送による無記名とする。
3. 投票の結果、過半数の得票を得た者を会長とする。過半数を得た者がない場合、得票上位者 2 名についての決選投票を行う。尚、得票数が同数の場合は、最年長者を会長とする。
4. 前条によって決定された会長は、改選の前年度の定例総会において承認を得るものとする。
5. 会長の任期は 2 年とし、2 期までとする。
6. 会長選挙管理委員は、現会長が運営委員会の中から必要数を選出する。

　　附則：　この規約は、平成 17 年 10 月 5 日から実施する。平成 10 年 12 月 5 日（制定）
　　　　　　　　　　　　　　　　　　　　　　　　　　　　　平成 15 年 12 月 6 日（改正）
　　　　　　　　　　　　　　　　　　　　　　　　　　　　　平成 17 年 10 月 5 日（改正）
　　　　　　　　　　　　　　　　　　　　　　　　　　　　　平成 24 年 12 月 1 日（改正）
　　　　　　　　　　　　　　　　　　　　　　　　　　　　　平成 29 年 12 月 17 日（改正）

『語用論研究』投稿規定・スタイルシート

I. 投稿について

1. 投稿資格
   a. 投稿は会員に限るものとする。
   b. 著者が複数いる場合、少なくとも筆頭著者は会員でなければならない。
      （会員でない場合は、応募に先立って入会手続きをとること。会員資格の不備や未納の会費があった場合は、査読プロセスに入らないか、または査読プロセスを停止する。）
2. 投稿原稿の種類
   受け付ける原稿の種類は以下の3区分とする。（投稿の際に、原稿の種類を指定すること。但し、審査後に編集委員会が種類の変更を求めることがある。）
   a. 「研究論文」（research paper）
      独創性と新規性があり、語用論研究の進展に貢献する実証的あるいは理論的研究。
   b. 「研究ノート」（research note）
      今後の展開を念頭に置いた萌芽的論考や、当該分野の研究を活性化させる契機となりうる知見をまとめたもの。
   c. 「ディスカッション」（discussion note）
      本学会の刊行物である『語用論研究』や『大会論文集』をはじめ、語用論研究と関連する分野の学会誌等に掲載された論文、研究ノート等に関する学術的な所見・反論等。
3. 二重発表・二重投稿の禁止
   a. 投稿論文は未発表の論文であること。ただし、すでに口頭で発表したものなどに相応の修正・加筆を加えた原稿は、審査の対象となる。
   b. 二重投稿は禁止とする。また、同一号に筆頭著者として複数の論文を投稿することや、同じ年度の日本語用論学会大会で発表を予定している発表前の内容を投稿することは認めない。
4. 使用言語
   a. 使用言語は原則として日本語または英語とする。
   b. 母語でない言語で書かれた原稿（および部分）は、事前に相応のネイティブスピーカーによる誤り等のチェックを受けること。また、大学院生などで指導教員がいる場合は、事前に内容や表現の十分な指導を受けること。

5.　投稿期限

 a.　当該年度号の投稿期限は毎年 4 月上旬とする。

 b.　詳細は学会ウェブサイト上で案内する。

6.　送付物・送付方法

 a.　（！現在、投稿システムを含むウェブサイトの更新を準備中です。S/P19 への投稿については、ウェブページでの案内を参照してください。）

 b.　送付方法と送付先はウェブサイト上で案内するので、それに従って提出すること。

7.　採否決定

 採否決定は投稿期限から 5 ヶ月以内を目途に行う。

8.　著者校正

 a.　執筆者による校正は初校のみとする。

 b.　校正の際、内容の変更を伴う原稿の加除は認めない。

9.　抜き刷り

 抜き刷りを希望する場合、費用は執筆者の負担とする。

II.　フォーマットについて

1.　用紙・分量・書式など

 a.　原稿はすべて A4 版の用紙を使用する。

 b.　用紙には、上下各 3cm、左右各 2.5cm の余白をとる。

 c.　書式はすべて横書きとし、日本語の場合は 1 行 38 文字、1 ページ 32 行、英語の場合は 12pt フォントで 1 行 70 ストローク、1 ページ 32 行とする。

 d.　原稿枚数は、注、参照文献を含めて、以下の長さを超えないものとする。

  「研究論文」は 20 ページ以内、「研究ノート」は 10 ページ以内、「ディスカッション」は 5 ページ以内。

  （査読の結果、修正後採用となった場合には、修正による 1 割程度の増ページを認める。）

2.　レイアウト

 a.　1 ページ目はタイトルの後 1 行アケで氏名欄、その後 2 行アケでアブストラクトと続ける。

 b.　アブストラクトは、本文が日本語の場合は英語で、本文が英語の場合は日本語または英語で書く。分量は、ともに 8 行以内、英語の場合 1 行 70 ストローク、約 100 ワード。

  （但し、「ディスカッション」ではアブストラクト不要。）

 c.　アブストラクトの後、さらに 2 行アケでキーワード、そのあと 2 行アケで本文を続

　　　　ける。

　　　（但し、「ディスカッション」ではキーワード不要。）

　　d.　各節の前は 1 行アケる。

　　e.　見出しのサブセクション番号は、1.1. のように、数字の後にピリオドを置く。

　　f.　セクションの「はじめに」や「序論」は、0. でなく 1. で始める。

　　g.　例文の前後は 1 行アケる。

　　h.　採否決定前の投稿論文本体には、氏名、謝辞を書かない。

3.　注

　　a.　注は参照文献の前にまとめて付ける。

　　b.　注番号は、1, 2, 3 のように、括弧を用いない数字だけとする。

4.　参照文献

　　a.　参照文献は論文の最後に置く。用語は「参照文献」とし、「参考文献」「引用文献」という言い方は採らない。

　　b.　参照文献は本文中で引用・言及したもののみとする。

　　c.　英語の文献と日本語の文献を分けずに混在させて、アルファベット順に並べること。

　　d.　共著者の表記について、英文では & ではなく and、日本文では・（なかぐろ）とする。

　　e.　雑誌については日本語、英語とも、巻数、号数、ページ数を明記する。

　　f.　英語の文献名で、語頭については、内容語は大文字、機能語は小文字とする。第 1 語の語頭のみ大文字であとは小文字という形式はとらない（下記 h の例参照）。

　　g.　採否決定前の投稿論文に投稿者本人の著作を多数挙げて本人と分かるような書き方はしない（下記 i を参照）。

　　h.　参照文献の書式は以下の例にならう。

　　　Grice, H. P. 1989. *Studies in the Way of Words*. Cambridge, Mass.: Harvard University Press.

　　　Hooper, P. J. 1979. "Aspect and Foregrounding in Discourse." In T. Givon (ed.) *Syntax and Semantics 12: Discourse and Syntax*, 213–241. New York: Academic Press.

　　　Horn, L. R. 1985. "Metalinguistic Negation and Pragmatic Ambiguity." *Language* 61(1), 121–174.

　　　小泉　保. 1990.『言外の言語学——日本語用論——』東京：三省堂.

　　　無藤　隆. 1983.「言語とコミュニケーション」、坂本 昂（編）『思考・知能・言語』（現代基礎心理学）、7、161–189、東京：東京大学出版会.

　　　野崎昭弘. 1995.「言葉と言葉の間」、『言語』24(2)、62–69.

　　　Watts, R. J. 2005. "Linguistic Politeness Research: *Quo vadis?*" In Watts, R.J., S.

Ide and K. Ehlich (eds.) *Politeness in Language: Studies in Its History, Theory and Practice* (2nd edition), xi–xlvii. Berlin and New York: De Gruyter Mouton.

i. 投稿時における投稿者本人の論文等は次のような表記とし、リストの最後に載せる。（名前を「投稿者」として発行年のみを記し、タイトル等は伏せる。）

投稿者. 2013.

投稿者. 2016.

2016 年 11 月 15 日　以下の諸点を修正・変更

（規定の名称、項目立て、英語版との対応

「投稿資格」「二重発表・二重投稿の禁止」

「使用言語」「投稿期限」「採否決定」

「用紙・分量・書式など」「参照文献」）

2016 年 3 月 6 日 投稿先の変更

2014 年 4 月 22 日 投稿先の変更

2014 年 3 月 8 日 最終原稿の項目を削除

2014 年 3 月 6 日 投稿先の変更

2013 年 3 月 4 日 投稿先の変更

2011 年 12 月 3 日 投稿方法の変更

2010 年 12 月 23 日 投稿原稿の種類変更

2009 年 12 月 23 日 参照文献項目修正

2008 年 9 月 29 日 投稿締切変更

2008 年 5 月 3 日 暫定版修正

2008 年 2 月 19 日 暫定版

2007 年 1 月 7 日改訂

Constitution of The Pragmatics Society of Japan
(Abbreviated Version)

Article I. Name and Purpose
1. This society shall be called the Pragmatics Society of Japan.
2. Its purpose shall be the advancement of pragmatics and related disciplines.
3. Activities:
   PSJ shall
   1) organize annual conferences, and special lectures and talks;
   2) publish Studies in Pragmatics;
   3) carry out other relevant activities.

Article II. Membership
1. There shall be three categories of membership: regular, student, and institutional.
2. Any individual or institution in agreement with the purposes of the Society can obtain membership by paying dues.
3. All individual members shall be entitled to participate in events organized by the Society and to submit manuscripts for presentation at the Society's annual conference or for publication in the Society's Journal.

Article III. Officers
1. The Executive Committee of the Society shall consist of a President, a Vice-President, a Secretary-General and other officers.
2. The President shall serve for two years and serve as chair of the Executive Committee.
3. The President, Vice President, and Secretary-General shall be elected from among the members of the Executive Committee.

Article IV. Meetings
1. The Society shall hold an annual General Meeting.
2. The Executive Committee shall meet at least once a year.

Article V. Fiscal Policy
1. The Society shall be financed through membership fees and other donations. An outside audit shall be conducted annually.
2. The fiscal year shall start on April 1st and end on March 31st.

Article VI. The Secretariat and Other Committees
1. The Secretariat shall consist of a Secretary-General and one or more assistants. The Secretary-General is responsible for the overall management of the Society.

2. The Editorial Board is responsible for publication of the Society's journal.
3. The Conference Committee shall be responsible for reviewing conference abstracts, and for other matters related to conference planning and execution.
4. The Public Relations Committee shall be responsible for announcing information in the Newsletters and on the Society's web page.

Instructions for Authors of *Studies in Pragmatics* (*S/P*) and the Style Sheet of English Papers

I. Manuscripts

1. Qualification for acceptance of submissions
   a. This journal only accepts contributions from members of the Society.
   b. When there are two or more authors, at least the first author must be a member. Non-members are expected to apply for membership before they submit manuscripts. If there are flaws in membership qualification, or are in arrears of annual fees, the process of review will not commence or will be stopped.

2. Categories of submissions
   Submissions in three categories will be considered (cf. below). Authors should specify a category at the time of submission. After reviewing the manuscript, the editorial committee may also request the author(s) to change the final categorization.
   a. Research papers: Empirical or theoretical studies that make new or original contributions to the development of the field of pragmatics.
   b. Research notes: Articles reporting on work still in the early stages of development, or intended to stimulate research in a particular area.
   c. Discussion notes: Findings or critical comments responding to research papers or research notes that have appeared in *S/P*, *the Proceedings of the Society's Annual Meeting*, or in other publications related to the field of pragmatics.

3. Prohibition of repetitive publication and duplicate submission
   a. Papers submitted to *S/P* must not have been published previously, except when they are revised versions of oral or poster presentations made in the past.
   b. Submitted papers should not be under consideration for publication elsewhere (duplicate submission prohibited). Authors may submit only one manuscript as the first author at a time for consideration. Papers that will be presented at the annual convention may not be submitted.

4. Languages
   a. As a general rule, papers should be written in English or Japanese.
   b. For authors whose native language is not English, it is strongly advisable that, prior to submission, manuscripts be corrected and edited by a qualified native speaker of English. Graduate students should consult with a supervisor beforehand regarding the appropriateness of their manuscript.

5. Deadline
   a. The deadline for submission is in early April of the given year.
   b. Further details will be posted on the PSJ website.

6. Submissions

    a. (! At the moment, we are renewing our website including pages for submitting papers. Please see notices on the website when submitting to S/P 19.)

    b. Further details will be posted on the PSJ website.

7. Results

Submitted papers are refereed, and authors will be notified of the results within approximately five months.

8. Proofreading

    a. Authors are responsible for the first proofreading only.

    b. Corrections should be limited to typographical errors.

9. Offprints

Authors may purchase offprints of their articles at their own expense.

II. General Format

1. Paper size, volume and format

    a. All manuscripts should be submitted on A4 size paper.

    b. Leave margins of 2.5 cm (1 inch) on the right and left, and 3 cm at the top and bottom.

    c. Type in 12-point font, 70 strokes per line, 32 lines per page.

    d. Manuscripts should not exceed the following lengths, including notes and references: research papers, 20 pages; research notes, 10 pages; discussion notes, 5 pages.

    If the result is 'acceptable after revision', the author may increase the volume of the paper by approximately 10% in order to make sufficient revisions.

2. Layout

    a. The abstract should appear on the first page of the manuscript, after the title, author's name, and author's affiliation. The abstract itself should be preceded by two blank lines, and begin with the word 'Abstract' in the upper left corner.

    b. Abstracts of English papers may be written in Japanese or English, and should not be more than 8 lines in length (about 100 words in English).

    c. The abstract should be followed by two blank lines, followed by the body of text (no abstracts with discussion notes).

    d. A maximum of 5 keywords should be given below the abstract, preceded by 'Keywords' (no keywords with discussion notes).

    e. Each new section should be preceded by one blank line.

    f. Subsection numbers should be followed by a period (e.g. 1.1.)

    g. Introductions or prefatory remarks should be numbered from 1, not 0.

    h. Examples should be preceded and followed by one blank line.

    i. Authors should not include their name(s) or acknowledgement when submitting manuscripts.

3. Footnotes
   a. Footnotes should appear at the end of the text, before the reference list.
   b. Notes should be indicated with Arabic numerals (1, 2, 3, 4) without parentheses.
4. References
   a. References should appear at the end of the paper.
   b. Cite only works quoted or referred to in the paper.
   c. Titles of books and articles originally written in Japanese should be transcribed in Roman letters and supplemented by English translations in brackets.
   d. The format for references (including the order of elements and punctuation) should be consistent with the following examples:

   Grice, H. P. 1989. *Studies in the Way of Words*. Cambridge, Mass.: Harvard University Press.

   Hooper, P. J. 1979. "Aspect and Foregrounding in Discourse." In T. Givon (ed.) *Syntax and Semantics 12: Discourse and Syntax*, 213‒241. New York: Academic Press.

   Horn, L. R. 1985. "Metalinguistic Negation and Pragmatic Ambiguity." *Language* 61(1), 121‒174.

   Koizumi, T. 1990. *Gengai no Gengogaku: Nihongogoyoron (Linguistics of Implied Meaning: Japanese Pragmatics)* Tokyo: Sanseido

   Watts, R. J. 2005. "Linguistic Politeness Research: *Quo vadis?*" In Watts, R.J., S. Ide and K. Ehlich (eds.) *Politeness in Language: Studies in Its History, Theory and Practice* (2nd edition), xi-xlvii. Berlin and New York: De Gruyter Mouton.

   e. Manuscripts must be written in such a manner that the authors cannot be identified. Books and articles by the same author(s) should be referenced in the style below at the end of the list, i.e. the author(s) should be cited only as 'Author(s)', along with the year of publication.
   Author(s). 2013.
   Author(s). 2016.

編集委員会より

　まず、お知らせです。『語用論研究』の正式な略称は（って変な言い方ですが）S/P となりました。「エスピー19 に載った論文が ...」のように呼んでいただければうれしいです。合わせて、表紙のデザインも変えました。

　それから、今号より特集テーマを採用しています。「レトリックの語用論」という初回テーマの下に、2 本の研究論文を掲載することができました。そして、次号 S/P20 の特集テーマは、すでにご案内しているように「（イン）ポライトネス」です。ふるってのご投稿をお待ちしております。もちろん、特集以外の投稿も通常どおり受け付けています (4/30 〆)。

　もう一つ、今号から、一つの投稿に対して年度内に 2 回（2 サイクル）の査読と審査が可能なように査読システムを変更しました。投稿者の多くが大学院生など若い研究者である現状も見ながら、なかなか一度の査読だけでは採用レベルに達することが難しいことに対して、学会としてもう少し "教育的" な機能を果たせないかと検討した結果です。今回、計 5 篇の投稿論文を掲載することができたことにもつながっているかもしれません。

　さらに、語用論の研究動向を会員に知らせるという役割もより意識しています。「語用論の新しい流れ」といった見出しから昔風の印象を抱かれるかもしれませんが、むしろ、研究が細分化して全体像が容易には見えなくなっている今だからこそ有用ではないか？との問題意識の反映です。

　末筆になりましたが、今号では担当編集委員に加えて以下の方々が査読の労をとってくださいました。心より御礼申し上げます。

〈S/P19（外部）査読委員〉（敬称略、姓のアルファベット順、他 1 名）
有田節子、福田一雄、福元広二、後藤リサ、早野薫、林礼子、今村和宏、石黒圭、神田靖子、笠貫葉子、北野浩章、木山幸子、甲田直美、古牧久典、籾山洋介、森本郁代、森山由紀子、鍋島弘治朗、西川眞由美、尾谷昌則、小野正樹、大津隆広、澤田淳、柴崎礼士郎、椎名美智、高橋英光、高梨博子、武黒麻紀子、多門靖容、谷口龍子、時本真吾、内田聖二、柳澤浩哉、横森大輔

　また、大変盛会だった第 20 回大会の研究発表については、運営委員に加えて以下の方々が審査に加わってくださいました。厚く御礼申し上げます。

〈第 20 回年次大会 外部審査委員〉（敬省略、姓のアルファベット順）
藤井洋子、井門亮、甲田直美、牧原功、増田将伸、難波彩子、小野正樹、澤田淳、渋谷良方、高梨博子、高梨克也

（文責・編集委員長　滝浦真人）

語用論研究　第 19 号

Studies in Pragmatics　No. 19　2017

Pragmatics Society of Japan　http://www.pragmatics.gr.jp
President:　Shigehiro Kato
Editor-in-Chief:　Masato Takiura　takiuramasato@gmail.com

編集人　日本語用論学会　編集委員会
　　　　（代表者）滝浦真人
発行人　日本語用論学会　会長　加藤重広
　　　　〒 606-0847　京都府京都市左京区下鴨南野々神町 1
　　　　京都ノートルダム女子大学　人間文化学部
　　　　小山哲春 研究室内

2018 年 3 月 20 日　第 1 版第 1 刷発行

　　　　　　　　　　　　　　　　〒 113-0023　東京都文京区向丘 1-5-2
　　　　　　　　　　　　　　　　電話　（03）5842-8900（代表）
発行所　株式会社 開 拓 社　　振替　00160-8-39587
　　　　　　KAITAKUSHA　　　http://www.kaitakusha.co.jp

印刷所　日之出印刷株式会社　　　　　　　　ISBN978-4-7589-1769-8　C3380

京都大学名誉教授 山梨正明編・序文

認知言語学（全5巻）
Cognitive Linguistics
Five-Volume Set

Edited with introduction by **Masa-aki Yamanashi**
(Emeritus Professor of Kyoto University, Japan)

SAGE Benchmarks in Language and Linguistics series
2016 | 1,527 pages | ISBN: 9781446298732 | <u>Price: £920.00</u>

ロナルド・ラネカー教授推薦！
"A notable feature of this 5-volume work is the scope of its coverage. The articles selected represent a wide range of authors and cover many areas of cognitive linguistic research spanning the several decades of its history. This collection performs the useful service of bringing together an array of classic papers that for many scholars may no longer be known or easily accessible. It is valuable for providing a good sense of the breadth of cognitive linguistics, the diversity of its approaches, and its development over the years."

Ronald W. Langacker, University of California, San Diego

　理論言語学の代表的な学派である「認知言語学」は、1980年代以降、G. レイコフ、R. W. ラネカー、C. J. フィルモアらを中心に急速に発展してきた新しい言語学のパラダイムです。言葉を従来のように自律的な閉じた記号系として見るのではなく、身体化された人間の一般的な認知能力から創発される動的な記号のネットワークとして位置づける認知言語学は、21世紀の科学に残された課題である人間の心と脳の解明において、言語と知のメカニズムの身体性と創発性に注目する独創的かつ学際的な研究プログラムであり、認知科学、人文科学、等の関連分野からも注目を集めています。

　本書は、認知言語学の分野において指導的な役割を担われてきた山梨正明教授（日本認知言語学会前会長、京都大学名誉教授）の編纂になる、認知言語学の画期的な基本文献集です。認知言語学の理論・方法論から、音韻・形態論、文法論、意味論、語用論、コーパス言語学、言語習得、言語教育さらには科学哲学、脳科学、心理学、詩学、修辞学、文学研究などの関連領域まで、学際的な研究分野において末永く参照すべき最先端の重要文献を精選し、全5巻に収録しています。

　巻頭には、編者の認知言語学の研究プログラムの進展と、認知科学、人文科学の関連分野への貢献と今後の展望に関する詳しい解説が掲載されています。さらに、この解説の付録として、編者による認知言語学と関連分野の古典的な論文、著書、論文集、等の網羅的な文献リストが掲載されています。

Contents:

Editor's Introduction: New Perspectives on Cognitive Linguistics and Related Fields / Vol. 1 Theory and Method / Vol. 2 Cognitive Phonology and Morphology / Vol. 3 Cognitive Grammar and Syntax / Vol. 4 Cognitive Semantics / Vol. 5 Cognitive Linguistics and Related Fields

※商品の価格は改定する可能性がございます。あらかじめご了承ください。
内容のお問い合わせに：**セイジ・パブリケーションズ日本支社**
Email: sagejapan@sagepub.co.uk / Twitter: @sagepubjapan
www.sagepublishing.com

日本語語用論フォーラム 2

加藤重広・滝浦真人編　定価 4,400 円＋税

日本語研究と語用論研究が通い合う広場（フォーラム）となることを目指して編まれたシリーズの第 2 巻。語用論の研究は、多様な領域と接触しながら、新たな研究テーマとその成果が生み出されていくとき、最も活性化した姿を見せるだろう。本書は、各領域の第一線で活躍する研究者や新進気鋭の研究者の最も新しい論考を捉えた、熱い論文集である。

【収録論文】日本語副助詞の統語語用論的分析　加藤重広／比喩を導入する構文としての直喩の語用論的機能　小松原哲太／「させていただく」という問題系　椎名美智／談話構造の拡張と構文化について　柴崎礼士郎／談話理解に伴う脳波の解析を通したコソア機能区分の試み　時本真吾／現実世界の対象を表さないソの指示　藤本真理子／丁寧体における疑いの文　野田春美／事例語用論 Exemplar Pragmatics の試み　吉川正人

相互行為における指示表現

須賀あゆみ著　定価 6,400 円＋税

同じものを指すときでも、性質を説明したり、固有名詞を用いたり、表現方法は多様である。本書は、会話分析を用いて、日常会話での指示表現の選択の仕組みを明らかにした。

多人数会話における
ジェスチャーの同期

「同じ」を目指そうとするやりとりの会話分析

城綾実著　定価 5,800 円＋税

同時に同じ動作をするジェスチャーの同期から、人が「同じ」を目指す方法に迫る。言語によるやりとりのみならず、身体と言語、身体と身体の相互彫塚を支える合理性と柔軟さを明らかにする。

日本語語彙的複合動詞の
意味と体系

コンストラクション形態論とフレーム意味論

陳奕廷・松本曜著　定価 8,500 円＋税

認知言語学の立場から語彙的複合動詞を分析。複合動詞を「コンストラクション」として捉え、その体系を階層的なスキーマネットワークで示すとともに、その意味の非合成的な側面を説明する。

時間の流れと文章の組み立て

林言語学の再解釈

庵功雄・石黒圭・丸山岳彦編
定価 6,400 円＋税

林四郎『基本文型の研究』(1960)、『文の姿勢の研究』(1973)を中心に「林言語学」の現代的意義を読み解く。

限界芸術「面白い話」による
音声言語・オラリティの研究

定延利之編　定価 8,800 円＋税

これまで 8 年間にわたって「面白い話」動画コンテストの研究が行われてきた。日常の「面白い話」談話を分析する論文集。これからの談話研究のための一里塚。

小笠原諸島の混合言語の
歴史と構造

日本元来の多文化共生社会で起きた言語接触

ダニエル・ロング著　定価 8,000 円＋税

「小笠原混合言語」の構造をピジンやクレオールとの違いから分析しつつ、「多文化共生」や「複言語」の状況を小笠原の欧米系島民がどのようにして乗り越えてきたかを解説する。

史上最悪の英語政策

ウソだらけの「4 技能」看板

阿部公彦著　定価 1,300 円＋税

2020 年度から大学英語入試が変わる。「4 技能化」の看板のもと英語入試が様々な利権の関わる業者に丸投げされようとしている！ その問題点と対応策を考える。

話しことばへのアプローチ

創発的・学際的談話研究への新たなる挑戦

鈴木亮子・秦かおり・横森大輔編
定価 2,700 円＋税

近年、書きことばに基づく理論では説明できない「話しことば」の諸現象が注目を集めている。書きことばへの偏向から脱却し、言語研究を新しくする 1 冊。

■ひつじ書房の刊行案内や特別セールなどのお知らせは「ひつじメール通信」から配信いたしております。
　ご希望の方は toiawase@hituzi.co.jp までメールでご連絡ください。
〒112-0011　東京都文京区千石 2-1-2 大和ビル 2F　TEL 03-5319-4916　FAX 03-5319-4917
toiawase@hituzi.co.jp　http://www.hituzi.co.jp/

ひつじ書房

人間社会の単位は果たして「個人」なのか？

やりとりの言語学

関係性思考がつなぐ記号・認知・文化

N.J.エンフィールド［著］

井出祥子［監修］
横森大輔・梶丸 岳・
木本幸憲・遠藤智子［訳］

人と人との相互行為はそもそもどのように成り立っているのか。ラオスでのフィールドワークの成果を生かしつつ、記号論の枠組みを活用し「関係性」に焦点を当てることで、今日まで十分に接点が見出されていなかった記述言語学、会話分析、民族学、言語人類学、社会言語学、認知科学など多くの学問領域の統合をめざす野心的な試み。◎A5判・402頁 定価＝本体3800円＋税

【主要目次】
関係性のありかた／社会性／エンクロニー／記号現象／地位／ムーブ／認知／行為／行為主体性／非対称性／文化／文法／知識

待遇コミュニケーション論

蒲谷 宏［著］ ◎A5判・352頁
定価＝本体2,800円＋税

「待遇コミュニケーション」とは何か？
──敬語表現を超えたその仕組みを探る

どんな相手に、どんな場で、どんな表現をするのか。敬語コミュニケーションの観点から、実際に使用されるさまざまな表現を分析しつつ、どのようなコミュニケーションが行なわれているのか、その仕組みを明らかにする。

【主要目次】
本研究の目的と意義
考察のための理論的枠組み
待遇コミュニケーションにおける敬語
待遇コミュニケーションとしての敬語コミュニケーション
待遇コミュニケーションの諸相
まとめと今後の課題